Judith Mazzilli

111 Orte für Kinder in und um Linz, die man gesehen haben muss

111

emons:

Bibliografische Information der Deutschen Nationalbibliothek
Die Deutsche Nationalbibliothek verzeichnet diese Publikation in der Deutschen Nationalbibliografie; detaillierte bibliografische Daten sind im Internet über http://dnb.d-nb.e abrufbar.

MIX
Papier aus verantwortungsvollen Quellen
FSC® C043106
FSC www.fsc.org

Layout: Editorial Design & Artdirection, Conny Laue, Bochum,
nach einem Konzept von Lübbeke | Naumann | Thoben und Nina Schäfer
Kartografie: altancicek.design, www.altancicek.de
Kartenbasisinformationen aus Openstreetmap,
© OpenStreetMap-Mitwirkende, ODbL
Druck und Bindung: Grafisches Centrum Cuno, Calbe
Printed in Germany 2022
ISBN 978-3-7408-1176-1

VORWORT

Liebe Leserinnen, liebe Leser,

Überraschend vielfältig und wunderbar abenteuerlich zeigt sich Linz und sein Umland in diesem Buch. Entdeckt Linz von einer ganz neuen Seite!
Ob für Regenwetter oder Sonnenschein, das kleine Geldbörserl oder den großen Anlass, für auswärtige Besucher oder Immer-schon-Linzer, für Kinderwagen-Schieber oder Teenie-hinter-sich-her-Zieher – in dieser Ortesammlung ist garantiert für jede Familie etwas dabei.

Als Umkreis für die Orte rund um Linz habe ich eine Entfernung von maximal einer Stunde Autofahrt gewählt. Stichworte geben bei jedem Ort übersichtlich Auskunft über wichtige Eckdaten wie Altersempfehlung, Kinderwagentauglichkeit und Kosten.

Das Buch ist für mich ein Herzensprojekt. Denn eines habe ich bemerkt: Gemeinsame Ausflüge machen nicht nur Spaß, sondern stärken die Familie auch nachhaltig. Sie schweißen zusammen und schaffen Gelegenheit für qualitative Zeit miteinander, ungestört von Hausarbeit, Handy und TV. Meine Hoffnung ist, dass durch dieses Buch viele Familien solche stärkenden Ausflüge erleben dürfen.

Ich würde mich freuen, von euren Erlebnissen mit meinem Buch zu erfahren. Schreibt mir doch einfach persönlich, verwendet den Hashtag #111orteinundumlinz oder taggt mich in euren Posts.

Viel Spaß beim Entdecken!
Eure Judith

alias @mama_zilli, @111ortefuerkinderinlinz (Instagram)
und @111ortelinz (Facebook)

111 ORTE – WO BEGINNEN?

Meine besten Tipps

Ihr habt wenig Zeit und wollt das meiste aus diesem Buch herausholen? Oder ihr wisst einfach nicht, wo ihr beginnen sollt? Dann hilft euch diese Seite weiter. Hier meine persönlichen Top-Ausflugsziele für verschiedene Gelegenheiten:

Meine Top 5 für Familien mit Kinderwagen und Kindern unter 3 Jahren

Das außergewöhnliche Kaninchengehege in der Tierhandlung Kölle Zoo .... Ort 25
Die Gratis-Kinderfreibäder von Linz .... Ort 63
Die lustige Kinderzaubershow in der Lentia City .... Ort 81
Der wunderbare Streichelzoo Gallneukirchen .... Ort 83
Der kostenlose Wassererlebnispark in Pregarten .... Ort 89

Eine Liste mit kinderwagenfreundlichen und barrierefreien Wanderungen findet ihr als Extra ganz hinten im Buch.

Meine Top 5 für Einheimische mit Kindern von 3 bis 10 Jahren

Das Erlebnisfreibad Ansfelden mit extralanger Rutsche .... Ort 4
Der vielfältige Motorikpark Ansfelden .... Ort 7
Der Kinderbauernhof im Botanica Park .... Ort 14
Das verrückte Maislabyrinth in Kronstorf .... Ort 23
Der Riesen-Wasserspielplatz am Weikerlsee .... Ort 68

Meine Top 5 für Einheimische mit Kindern von 10 bis 18 Jahren

Der tosende Wasserfall in der Fallerbucht .... Ort 15
Der geniale Soccerpark am Goldberg .... Ort 18
Der hippe hello yellow Pumptrack .... Ort 35
Die kreative Mural Harbor Tour mit Graffiti-Workshop .... Ort 36
Die Allwetter-Trendsporthalle Lissfeld .... Ort 75

Meine Top 5 für Wochenend-Touristen – die Klassiker

Eine Fahrt mit dem knallgelben City Express .... Ort 44
Die größte Kirche Österreichs: der Mariendom .... Ort 49
Die Zwerge in der Grottenbahn .... Ort 71
Der Spielplatz mit der schönsten Aussicht im Zoo Linz .... Ort 74
Das Museum der Zukunft: das Ars Electronica Center .... Ort 77

Alle Schlechtwetter-Tipps im Überblick

Orte 2 // 6 // 12 // 20 // 24 // 25 // 29 // 33 // 36 // 37 // 38 // 39 // 40 // 41 // 43 // 44 // 45 // 48 // 49 // 52 // 53 // 54 // 58 // 59 // 60 // 61 // 62 // 71 // 72 // 75 // 77 // 80 // 81 // 83 // 87 // 92 // 101 // 102 // 110

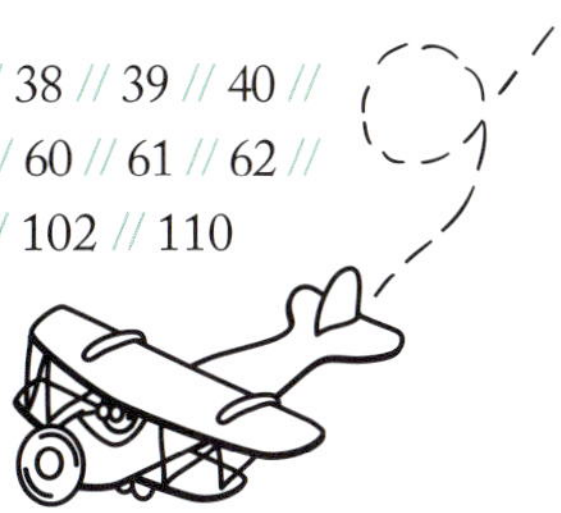

111 ORTE

1 Das Landhotel Haagerhof | Aigen-Schlägl
Snowtubing-Spaß auf 500 Metern Naturabfahrt | 12

2 Die Pralinenwelt | Allhaming
Der höchste Schokobrunnen der Welt | 14

3 Der Elefantenpark | Ansfelden
Der Fahr-so-viel-du-willst-Vergnügungspark | 16

4 Das Erlebnisfreibad | Ansfelden
Das wohl kinderfreundlichste Freibad rund um Linz | 18

5 Exit the Field | Ansfelden
Österreichs erster Hanf-Irrgarten | 20

6 Das Kinderland | Ansfelden
Spielspaß im Haid Center Kinderland | 22

7 Der Motorikpark Ansfelden | Ansfelden
Wer meistert die große Balancier-Challenge? | 24

8 Die Ritzlhof-Gärten | Ansfelden
Der Naschpavillon und das Auferstehungsgrab | 26

9 Das Karussell-Paradies | Au an der Donau
Zwei Buchstaben, ein Ort | 28

10 Die Speck-Alm | Bad Kreuzen
Abenteuerspielplatz mit Lokomotive | 30

11 Der Erlebnisweg Moorwald | Bad Leonfelden
Begegne dem riesigen Dinosaurier des Moorwaldes | 32

12 Das Lebzeltarium | Bad Leonfelden
Verziere dein eigenes Lebkuchenherz! | 34

13 Die Pesenbach-Wanderung | Bad Mühllacken
Familienwanderung zum Kerzenstein | 36

14 Der Botanica Park | Bad Schallerbach
Heuspringen wie anno dazumal | 38

15 Der Ennsuferweg | Dürnbach an der Enns
Familienwanderweg zum tosenden Wasserfall | 40

16 Die Eidenberger Alm | Eidenberg
Familienfreundliche Location für besondere Anlässe | 42

17 Die Feldkirchner Seen | Feldkirchen an der Donau
Karibik-Feeling am Sandstrand und Motorikpark | 44

18 Der Freizeitpark Goldberg | Goldberg
Ein Paradies für Groß und Klein | 46

19 Der Tierpark Stadt Haag | Haag
Wilde Tiere und rasante Rutschen | 48

20 Der Flughafen Hörsching | Hörsching
Wo du vom Fliegen träumen kannst | 50

21 Der Motorikpark Lungitz | Katsdorf
Flitze mit der Tarzanschaukel über den Hang! | 52

22 Der Wasserwichtelweg | Kirchschlag
Der Dornröschenturm und die bunten Zwerge | 54

23 Das Maislabyrinth | Kronstorf
Mit Gokart-Bahn und Maisspielkiste | 56

24 Der Jump Dome | Leonding
Lauf an der Wand entlang! | 58

25 Der Kölle Zoo | Leonding
Kletter mit den Kaninchen durch den Bau! | 60

26 Der Kürnberger Wald | Leonding
Der Spielplatz mitten im sagenumwobenen Wald | 62

27 Der CrossCountry Bikepark | Lichtenberg
Mit automatischer Zeitmessung | 64

28 Die Giselawarte | Lichtenberg
Wandern, spielen und streicheln über den Wolken | 66

29 Der Kinder- und Jugendbasar | Linz-Bindermichl
Wo Kinderträume wahr werden | 68

30 Der Universitätspark | Linz-Dornach-Auhof
Der Lebkuchenbaum und das schwimmende Café | 70

31 Die Traunauen | Linz-Ebelsberg
Bärlauchsammeln im abenteuerlichen Auenland | 72

32 Der Bauernbergpark | Linz-Froschberg
Der geheime Schatz des Berggeistes | 74

33 Der Botanische Garten | Linz-Froschberg
Das jährliche Schmetterlingsschlüpfen | 76

34 Die Franz-Josef-Warte | Linz-Froschberg
Die 137 gruseligsten Stufen von Linz | 78

35 Der hello yellow Pumptrack | Linz-Industriegebiet-Hafen
Hipper Zeitvertreib im Industrieviertel | 80

36 Die Mural Harbor Gallery | Linz-Industriegebiet-Hafen
Spray dein eigenes Graffito an die Wand! | 82

37 Die voestalpine Stahlwelt | Linz-Industriegebiet-Hafen
Der heißeste Ofen der Stadt | 84

38 Die Altstadt Märchenzeit | Linz-Innere Stadt
Ein wirklich märchenhaftes Freilufttheater | 86

39 Das Amt der Landesregierung | Linz-Innere Stadt
Rolltreppen-Spaß mit besonderem Ausblick | 88

40 Die Bäckerei Brandl | Linz-Innere Stadt
Die erste gläserne Schaubäckerei Österreichs | 90

41 Die Bäckerei Winkler | Linz-Innere Stadt
Gemütlich frühstücken dank Kleinkind-Spielecke | 92

42 Die Brücke beim Landhaus | Linz-Innere Stadt
Lauf über eine historische Ausgrabungsstelle! | 94

43 Das Café Resch&Frisch | Linz-Innere Stadt
Wo man der Straßenbahn in den Kopf schauen kann | 96

44 Der City Express Linz | Linz-Innere Stadt
Linz entdecken mit dem gelben »Bummelzug« | 98

45 Der Denns BioMarkt | Linz-Innere Stadt
Das kleine Bistro mit den bunten Wandspielen | 100

46 Der Donauradweg | Linz-Innere Stadt
Auf dem Drahtesel die Natur entdecken | 102

47 Der Eis-Greissler | Linz-Innere Stadt
Das beste Eis von Linz | 104

48 Das Junge Brucknerhaus | Linz-Innere Stadt
Kinder-Musiktheater vom Feinsten | 106

49 Der Kinderdom | Linz-Innere Stadt
Hinter den Kulissen der größten Kirche Österreichs | 108

50 Der Lichtbrunnen und seine Gefährten | Linz-Innere Stadt
Entdecke die coolsten Brunnen von Linz | 110

51 Die Linzer »Reichen« | Linz-Innere Stadt
Wo einmal die Kacke floss | 112

52 L'Osteria Linz | Linz-Innere Stadt
Die größte Pizza von Linz | 114

53 Nachtwächter's Stübchen | Linz-Innere Stadt
Entdecke Linz bei Nacht | 116

54 Die Naschkatze | Linz-Innere Stadt
Erlebe die Kunst der Süßwarenherstellung | 118

55 Das rote Krabbelparadies | Linz-Innere Stadt
Ein Spielplatz für Groß und Klein | 120

56 Die Sandburg | Linz-Innere Stadt
Der wohl größte Sandkasten von Linz | 122

57 Der Schlossberg | Linz-Innere Stadt
Der Spielplatz mit den begehbaren Mauern | 124

58 Das Schlossmuseum | Linz-Innere Stadt
Kostenloser Eintritt am ersten Sonntag im Monat | 126

59 — Der Teesalon Madame Wu | Linz-Innere Stadt
Fühl dich wie eine feine englische Dame | 128

60 — Der Wissensturm | Linz-Innere Stadt
Gläserner Lift mit atemberaubender Aussicht | 130

61 — Die Fitnessoase Parkbad | Linz-Kaplanhof
Sieh die Eistänzer über das Eis fliegen! | 132

62 — Der Rotax MAX Dome | Linz-Kaplanhof
Fahr- und Spielspaß für die ganze Familie | 134

63 — Das Kinderfreibad | Linz-Kleinmünchen-Auwiesen
Gratis-Badevergnügen für die Kleinsten | 136

64 — Der Wasserwald Ost | Linz-Kleinmünchen-Auwiesen
Koste das beste Trinkwasser Europas! | 138

65 — Der Wasserwald West | Linz-Kleinmünchen-Auwiesen
Sport für die ganze Familie | 140

66 — Die Schatzsuche im Haidland | Linz-Neue Heimat
Das Rätsel der bunten Steine | 142

67 — Der Pichlinger See | Linz-Pichling
Der schönste Sommer-Spielplatz in Linz | 144

68 — Der Wasserspielplatz | Linz-Pichling
Zeig dem Wasser, wo es langgeht | 146

69 — Die Mayrwiese | Linz-Pöstlingberg
Rodeln, wo einst Skilegenden hinuntersausten | 148

70 — Die Obstbaumgärten | Linz-Pöstlingberg
Obst und Nüsse zum Selbstpflücken – gratis! | 150

71 — Der Pöstlingberg | Linz-Pöstlingberg
Rotwild beobachten und Zwerge schnäuzen | 152

72 — Die Pöstlingbergbahn | Linz-Pöstlingberg
Mit der Rekordbahn zur schönsten Aussicht auf Linz | 154

73 — Die Waldschänke | Linz-Pöstlingberg
Ziegen, Wildgehege und ein Streichelzoo | 156

74 — Der Zoo Linz | Linz-Pöstlingberg
Der Spielplatz mit der schönsten Aussicht | 158

75 — Die Trendsporthalle | Linz-Spallerhof
Indoor mit Scooter, Skateboard und Co. unterwegs | 160

76 — Der Gasthof Lüftner | Linz-St. Magdalena
Der schönste Gasthof-Kinderspielplatz in ganz Linz | 162

77 — Das Ars Electronica Center | Linz-Urfahr
Die verrückte Indoor-Sandkiste | 164

78 — Der Beerenberg | Linz-Urfahr
Wo du Bio-Heidelbeeren ohne Ende pflücken kannst | 166

79 Der Harbachpark | Linz-Urfahr
Der coolste Kletterbaum von Linz | 168

80 kika Linz-Urfahr | Linz-Urfahr
Kostenlos spielen und preiswert essen | 170

81 Die Kinderzaubershow | Linz-Urfahr
Lasst euch verzaubern! | 172

82 Der Stadtwanderweg 7 | Linz-Urfahr
Entdecke die höchste Schaukel von Linz | 174

83 Der Streichelzoo | Linzerberg
Wo Tiere und Menschen sein dürfen, wie sie sind | 176

84 Der Passauerhof | Lohnharting
Königliche Kirschen zum Selbstpflücken | 178

85 Der Ausee | Luftenberg an der Donau
Der vielseitigste Badesee rund um Linz | 180

86 Das Keltendorf | Mitterkirchen im Machland
Wie Menschen vor 2.700 Jahren lebten | 182

87 Der LolliPark | Pasching
Riesiger Indoorspielplatz mit Kleinkind-Bereich | 184

88 Der Rundweg Natur-Erlebensräume | Perg
Wandern zum Waldbad Perg | 186

89 Der Wassererlebnispark | Pregarten
Ein Paradies für Wassernixen und Feuerwehrfans | 188

90 Der Naturpark Mühlviertel | Rechberg
Der mysteriöse Stein, den niemand umwerfen konnte | 190

91 Das Haider Weihnachtshaus | Ried in der Riedmark
Das Glitzerhaus von Niederzirking | 192

92 Die Villa Sinnenreich | Rohrbach
Das Museum mit den essbaren Eintrittskarten | 194

93 Der Traunfall | Roitham
Kurze Rundwanderung mit atemberaubender Aussicht | 196

94 Das Familienskigebiet | Sandl
Gratis-Rodeln im weißen Märchenland | 198

95 Die Klamschlucht | Saxen an der Au
Malerische Familienwanderung zur Burg Clam | 200

96 Der Kirschblütenweg | Scharten
Familienwandern im Bienenparadies | 202

97 Der Märchenwanderweg | Schenkenfelden
Das lebensgroße Lebkuchenhaus | 204

98 Der Schlögener Blick | Schlögenleiten
Die krasseste Kurve der ganzen Donau | 206

99 __ Die Burgruine Prandegg | Schönau im Mühlkreis
Wo ihr ein echtes Verlies erkunden könnt | 208

100 __ Die Speed-Gleit-Bahn | Schönau im Mühlkreis
Sicherer Spaß für mutige Flitzer | 210

101 __ Das Feuerwehrmuseum | St. Florian
Für kleine Feuerwehrfans | 212

102 __ Die Gärtnerei Sandner | St. Florian
Urwald-Expedition mit allen Sinnen | 214

103 __ Die Gusen in St. Georgen | St. Georgen an der Gusen
Barfuß den Lebensraum Fluss entdecken | 216

104 __ Die Stillensteinklamm | St. Nikola an der Donau
Tosendes Wasser und stille Steine | 218

105 __ Der Naturparkspielplatz | St. Thomas am Blasenstein
3.200 Quadratmeter schattiger Kletterspaß | 220

106 __ Die Zigeunermauer | St. Thomas am Blasenstein
Entdecke die Höhle, in der einst ein Räuber hauste | 222

107 __ Der Badesee Tragwein | Tragwein
Naturbadesee mit Floß, Wasserfall und mehr | 224

108 __ Der Oedtersee | Traun
Kleinkindfreundlicher See mit vielen Extras | 226

109 __ Der Tiergarten Wels | Wels
Kostenlos und tierisch was los! | 228

110 __ Das Welios Science Center | Wels
Staunen, spielen und erforschen | 230

111 __ Der Bienenerlebnisweg | Zwettl an der Rodl
Kinderwagenfreundlich und mit spannenden Stationen | 232

Karten
111 Orte in und um Linz finden leicht gemacht | 234

Extra
Meine Bonus-Tipps für Euch | 238

1_DAS LANDHOTEL HAAGERHOF

Snowtubing-Spaß auf 500 Metern Naturabfahrt

Snowtubing ist eine besonders actionreiche Trend-Wintersportart für Kinder und Erwachsene. Auf einem riesigen, mit Luft gefüllten Reifen flitzt man allein oder zu zweit die Schneebahn hinab. Verrückte Drehungen inklusive, denn das Lenken ist gar nicht so einfach – ein Riesenspaß!

Der nächste Anbieter für Linzer ist das Landhotel Haagerhof im Norden des Mühlviertels, 50 Autominuten von Linz entfernt. Die etwas längere Anfahrt zahlt sich aber definitiv aus. Auf 850 Höhenmetern erwarten euch hier ein wunderschöner Panoramablick und eine 500 Meter lange Naturabfahrt zum Snowtuben und Rodeln.

Außerdem gibt es einen Streichelzoo mit Eseln, Ziegen, Kaninchen und Meerschweinchen sowie einen überdachten Spielplatz zu entdecken – und natürlich das Landhotel Haagerhof mit hauseigenem Restaurant und Kinderspielzimmer. Für kleine Besucher liegen eine Kinderspeisekarte zum Ausmalen und ein kleines Geschenk bereit. Viele schöne Winterwanderwege direkt beim Hotel laden zum Spazieren ein. Auf Vorreservierung auch in Begleitung der Esel Max und Moritz oder der Kuh Chalsea!

Das Ausborgen der Tubes und die Nutzung der Naturabfahrt sind gratis, das Hotel freut sich aber über Konsumation. Für ununterbrochenen Fahrspaß kann optional ein Skidoo-Service gebucht werden. Ein Skidoo kostet 70 Euro pro Stunde und kann fünf bis acht Personen befördern. Bitte vorab per E-Mail reservieren. Dann noch Skigewand und Helm einpacken und ab auf die Piste!

TIPP: Da gackern ja die Hühner! Am Rückweg nach Linz könnt ihr einen kleinen Umweg über den Ort mit dem lustigsten Namen der Umgebung machen: Hühnergeschrei.

Adresse Diendorf 20, 4160 Aigen-Schlägl, www.haagerhof.com // **Anfahrt** 50 Minuten ab Linz Hauptbahnhof, über B127 bis Dreisesselbergstraße in Aigen im Mühlkreis, im Kreisverkehr 3. Abfahrt Dreisesselbergstraße, links in die Krumauerstraße, dann in die Böhmerwaldstraße, Ziel links, Parkplätze vorhanden // **Öffnungszeiten** bei Tageslicht und mindestens 40 Zentimetern Schnee, siehe Webcam auf www.bergfex.at, Reservierungen per E-Mail an info@haagerhof.com // ab 6 Jahre, sonst nur in Begleitung eines Erwachsenen // kostenlos, WC, Wickeltisch, Kinderhochstuhl

2_DIE PRALINENWELT

Der höchste Schokobrunnen der Welt

Sozusagen nagelneu – 2019 eröffnet – und nur 20 Autominuten von Linz entfernt findet ihr die erste Pralinenwelt Österreichs und vor allem den höchsten Schokobrunnen der Welt. Er ist unglaubliche zwölf Meter hoch und steht im Guinnessbuch der Rekorde. Eineinhalb Tonnen Schokolade fließen daran herab und versetzen euch in den Schokohimmel. Zu Weihnachten könnt ihr sogar einen Engel aus Licht über die Schokolade huschen sehen, zu Ostern einen Hasen!

Die Pralinenwelt Wenschitz ist ein Erlebnis für alle Sinne und darüber hinaus leidenschaftlicher Wissensvermittler. Die Entdeckungsreise beginnt im obersten Stockwerk. Ein Kakaobohnen-Maskottchen namens »Beanie« führt Kinder auf Augenhöhe durch die Ausstellung. Im Kugelkino erfahrt ihr allerlei Wissenswertes über Schokolade. Wusstet ihr zum Beispiel, dass Kakaobohnen einst als Zahlungsmittel dienten? Auf der Entdeckungsrampe bekommt ihr anschließend einen Einblick in die Pralinenproduktion, und im untersten Stockwerk erwartet euch die Schokoladen-Degustation mit zwölf verschiedenen Pralinensorten zum Verkosten und Genießen. Den krönenden Abschluss bildet das Duftuniversum. Dort könnt ihr euch im Erriechen von 18 Düften erproben. Challenge: Wer von euch errät die meisten Düfte?

Am Bildschirm vorm Duftuniversum können Kinder außerdem ihr Memory-Talent unter Beweis stellen und Monatssieger werden. Im Shop kann man sich zudem ein Rätselblatt holen. Wer es fleißig ausfüllt, bekommt am Ende ein kleines Präsent!

Adresse Allhaming 47, 4511 Allhaming; barrierefrei // **Anfahrt** 18 Minuten ab Linz Hauptbahnhof, über A7 und A1 Richtung Salzburg, Ausfahrt 183 Allhaming, links abbiegen auf Marchtrenker Straße bis zum Ziel, Parkplätze vorhanden // **Öffnungszeiten** Mo–Sa 8–18 Uhr, letzter Einlass 16.30 Uhr; freier Eintritt für Kinder bis 5 Jahre // ab circa 3 Jahre // Schlechtwettertipp, kostenpflichtig, kinderwagenfreundlich, WC

TIPP: Nach so viel süßer Verführung tut etwas Bewegung gut – zum Beispiel am Spielplatz in der Schubertstraße 13 in Weißkirchen an der Traun. Dort warten ein großer Sand-Matsch-Bereich, vier außergewöhnliche Schaukeln, ein Heckenlabyrinth und vieles mehr darauf, entdeckt zu werden.

3_DER ELEFANTENPARK

Der Fahr-so-viel-du-willst-Vergnügungspark

Der Elefantenpark ist ein Vergnügungspark der besonderen Art: Während bei anderen Vergnügungsparks und Jahrmärkten die Eltern meist die unangenehme Aufgabe haben, den Tatendrang der Kinder in Zaum zu halten, um das Geldbörserl zu schonen, bleibt ihnen das hier erspart. Im Elefantenpark gelten nämlich Stundentickets. Das bedeutet: einmal zahlen und dann fahren, so oft man will – und das ohne langes Anstehen. Einfach super! Die Preise sind außerdem unschlagbar, erwachsene Begleitpersonen zahlen einen vergünstigten Tarif.

Dabei ist bei den Attraktionen nicht nur für Kinder etwas dabei, viele können auch von Erwachsenen genutzt werden. Bis zu zehn Attraktionen der Firma Schlader findet man auf dem Feld, das vom Gasthof Hotel Stockinger zur Verfügung gestellt wird.

Auch Kleinkinder haben hier schon richtig viel Spaß, denn bei den meisten Attraktionen ist es möglich, dass ein Elternteil sie begleitet. Mein Sohn war drei Jahre alt, als wir den Elefantenpark besuchten, und besonders von Zug und Karussell begeistert. Weiters konnte man Autodrom fahren, den riesengroßen luftgefüllten Kikeri hinunterrutschen, mit Booten auf dem Wasser dahingleiten und vieles mehr. Damit der Park auch für wiederkehrende Gäste spannend bleibt, werden die Attraktionen regelmäßig ausgetauscht. Ein super Schönwettertipp!

Adresse Ritzlhofstraße 63–65, 4052 Ansfelden // **Öffis** S4 bis Ansfelden Bahnhof, von dort 1,7 Kilometer Fußweg // **Anfahrt** 15 Minuten ab Linz Hauptbahnhof, über A7 und A1 Richtung Salzburg, Ausfahrt 171 Ansfelden, dann links auf Traunuferstraße, links auf Haiderstraße, rechts auf Ansfeldner Straße/Ritzlhofstraße bis zum Ziel, Parkplätze vorhanden // **Öffnungszeiten** wetterabhängig, meist Mai–Sept., aktuelle Infos unter www.stocki.at // ab 2 Jahre // WC, kostenpflichtig, kinderwagentauglich

TIPP: Im familienfreundlichen Gasthof Stockinger könnt ihr nicht nur euren Hunger stillen, sondern auch übernachten. In der Betriebssaison des Elefantenparks bekommt jedes übernachtende Kind ein kostenloses Stundenticket für den Vergnügungspark.

4_DAS ERLEBNISFREIBAD

Das wohl kinderfreundlichste Freibad rund um Linz

Schöne Freibäder gibt es in und um Linz viele, aber wohl kaum eines hat für Familien so viel zu bieten wie das Erlebnisfreibad Ansfelden.

Ein gut durchdachter **Eltern-Kind-Bereich** mit drei miteinander verbundenen, zum Teil beschatteten Kleinkindbecken, vier Rutschen sowie einem Wasserspielbach mit Natursteinen lädt zum Planschen und Erkunden ein. Sitzbänke für die Eltern sowie Toiletten und Umkleidekabinen stehen in nächster Nähe zur Verfügung. Der Eltern-Kind-Bereich liegt etwas abseits, was die Beaufsichtigung der Kinder ungemein erleichtert. Kaum 50 Meter entfernt gibt es einen schönen Spielplatz in Form eines Piratenschiffs. Besonders cool: Versteckt im Sand unterhalb des Schiffs liegen echte **Schätze,** nach denen die Kinder suchen können. Gut geschützt in kleinen schwarzen Filmröhrchen finden sich dort Überraschungsgutscheine. Ob ihr wohl einen ergattert?

Das Freibad hat aber auch für ältere Kinder sehr viel zu bieten. Highlight ist die 85 Meter lange **Erlebnisrutsche,** die sogar die 70 Meter lange Wasserrutsche im Linzer Parkbad übertrifft. Weitere Attraktionen sind die 16 Meter lange Speed-Rutsche, der Wasserstrudel, der Wasserschwall, der Springturm, das Sportbecken, die Fußballwiese, zwei Tischtennistische – Schläger können an der Kasse ausgeliehen werden –, zwei »Wuzel-Tische« und ein Riesenschachspiel. Ein Buffet versorgt mit Eis, Essen und Getränken. Während der Sommerferien wird außerdem gratis **Kinderanimation** angeboten.

TIPP: Ganz in der Nähe liegt der IKEA Ansfelden. Dort können Kinder ab drei Jahren das Kinderparadies Småland erkunden, während die Eltern shoppen gehen.

Adresse Sportallee 1, 4053 Ansfelden, Tel. 07229/8402211 // Öffis direkt gegenüber der Bahnstation Ansfelden // Anfahrt 12 Minuten ab Linz Hauptbahnhof, über A7 Richtung Wien, dann A1 Richtung Salzburg, Ausfahrt Traun, rechts abbiegen auf Stelzhamerstraße, dann der Adolf-Schärf-Straße bis zur Sportallee folgen, Parkplätze vorhanden // Öffnungszeiten bei Badewetter Mo–So 9–20 Uhr; Eintritt für Kinder unter 6 Jahren frei // für jedes Alter // kostenpflichtig, WC, kinderwagentauglich

5_EXIT THE FIELD

Österreichs erster Hanf-Irrgarten

Gleich gegenüber vom Haid Center in Ansfelden liegt ein riesengroßes Feld, das seit 2020 jeden Sommer viele Besucher anlockt. Auf 37.000 Quadratmetern können kleine und große Entdecker auf vorgemähten Wegen durch den bis zu vier Meter hohen Hanf-Dschungel spazieren und dabei am Bienenlehrpfad Wissenswertes über die fleißigen Insekten erfahren. Besonders süß: die Biene-Maja-Fotowand. An Schattenplätze zum Ausruhen wurde beim Anlegen des Irrgartens ebenfalls gedacht, auf Sonnenschutz solltet ihr an heißen Tagen aber trotzdem nicht verzichten. Challenge: Schafft ihr es, innerhalb von einer Stunde wieder aus dem Irrgarten herauszufinden?

Hanf ist übrigens sehr vielseitig verwendbar – die gesamte Pflanze von den Fasern über die Blätter und Blüten bis hin zu den Samen ist nutzbar. Außerdem enthält er wichtige Spurenelemente und Vitamine und ist damit ein richtiges Superfood. Der Hanf von Exit the Field wird zu hochwertigen Bioprodukten der Marke Cannabeesol verarbeitet. Beim Automaten am Eingang könnt ihr die Produkte erwerben und probieren. Besonders passend für Biene-Maja-Fans: die Bio-Schokoriegel »Schlaue Maja« und »Schoko Willi«.

»Ist der Anbau von Hanf denn legal?«, werden nun vielleicht einige Eltern fragen. Die Antwort lautet: Ja! Es kommt nämlich darauf an, welche Hanfsorte angebaut und wie sie verwendet wird. Der hier bei Exit the Field angebaute Nutzhanf enthält null Prozent des Wirkstoffes Tetrahydrocannabinol und ist nicht nur legal und völlig unbedenklich, sondern sogar sehr gesund.

TIPP: Im Haid Center gegenüber findet ihr eine ganz besondere Apotheke, bei der ihr durch eine Glaswand einem Roboter beim Arbeiten zusehen könnt.

Adresse Ikea-Platz 8, 4053 Ansfelden, www.exitthefield.com; barrierefrei // **Öffis** Bus E611, Haltestelle Haid IKEA/Haid Center // **Anfahrt** 15 Minuten ab Linz Hauptbahnhof, über A7 und A1, Ausfahrt 174 Traun, dort den Schildern zu IKEA folgen, Parken im Haid Center kostenlos möglich // **Öffnungszeiten** 1. Juli – 15. Sept. Mo – So 8 – 21 Uhr; Eintritt per Einwurf-Kasse zu bezahlen, daher Kleingeld nicht vergessen // ab 3 Jahre // kinderwagentauglich, kostenpflichtig, WC

6_DAS KINDERLAND

Spielspaß im Haid Center Kinderland

In direkter Nähe zu Linz gibt es drei Kinderländer, eines in der Plus-City, eines bei IKEA und eines im Haid Center. Alle drei sind tolle Orte für Kinder ab drei Jahren und bieten jede Menge Freiraum zum Bewegen, Klettern, Spielen und Erkunden.

Das Abenteuer-Kinderland im Haid Center wird vom Oberösterreichischen Familienbund betrieben und fällt positiv auf, da es Transparenz bezüglich der Ausbildung der Mitarbeiter bietet: Alle Betreuer sind pädagogisch geschult. Außerdem ist das Kinderland sehr übersichtlich gestaltet, wodurch sich auch die kleinsten Kinder richtig wohlfühlen.

Auf 500 Quadratmetern laden verschiedene Spielbereiche zum Entdecken ein – sowohl aktive als auch ruhigere Kinder kommen hier auf ihre Kosten. In einer großen Funbox aus weichem Material kann wild herumgetollt werden, während eine große Mal- und Bastelecke zu ruhigeren Beschäftigungen einlädt. Weiters gibt es eine Kinderküche, eine große Ritterburg und eine Kuschelecke. Auch ein Bällebad ist natürlich vorhanden.

Kommt ein Kind das erste Mal, sind ein Ausweis wie beispielsweise die e-Card und Anti-Rutsch-Socken mitzubringen. Die erste Stunde der Betreuung ist gratis, anschließend ist ein geringer Beitrag zu bezahlen. Bis zu drei Stunden Betreuung sind möglich. Die Eltern können in der Zwischenzeit im Haid Center shoppen oder essen gehen.

Adresse Ikea-Platz 4, 4053 Ansfelden // Öffis Bus E611, Haltestelle Haid IKEA/Haid Center // Anfahrt 15 Minuten ab Linz Hauptbahnhof, über A7 und A1, Ausfahrt 174 Traun, dort den Schildern zu IKEA folgen, kostenlose Parkmöglichkeiten im Haid Center // Öffnungszeiten Mo–Fr 12–19 Uhr, Sa 9–18 Uhr, in den Ferien bereits ab 9 Uhr // 3–10 Jahre // Schlechtwettertipp, kostenlos, WC, Wickeltisch, kinderwagentauglich, Stillmöglichkeit

TIPP: Eltern mit kleinen Kindern finden im Erdgeschoss des Haid Centers einen eigenen Wickel- und Stillraum. Im Obergeschoss können zudem Kidcars ausgeliehen werden.

7_DER MOTORIKPARK ANSFELDEN

Wer meistert die große Balancier-Challenge?

Der Motorikpark Ansfelden ist einer meiner Lieblingsorte. Warum? Erstens weil er so spannende Stationen bietet, dass nicht nur Kinder und Teenies voller Freude darauf losstürmen. Auch als Erwachsener kann man hier gar nicht anders, als selbst das Balancieren, Kräftemessen und Kitesurfen auszuprobieren. Zweitens ist der Besuch im Park gratis – zwar ist der Parkplatz direkt vor dem Motorikpark gebührenpflichtig, es steht aber noch ein zweiter, kostenloser Parkplatz bei der Gartenbauschule Ritzlhof zur Verfügung. Drittens liegt der Park wunderbar zentral und ist mit Auto und Öffis sehr gut zu erreichen. Einfach ein tolles Ausflugsziel!

Der Motorikpark Ansfelden wird von der Stadt Ansfelden betrieben und wurde mit Unterstützung des Landes Oberösterreich sowie der Europäischen Union finanziert. Er ist 20.000 Quadratmeter groß und beinhaltet 33 Stationen sowie eine Fußballwiese, einen Beachvolleyballplatz und einen Funcourt. Besonders cool sind die Stehseilschaukel, auf der eine ganze Familie gleichzeitig Platz hat, die kleinen blauen Trampoline, der Kitesurfsimulator sowie der Kleinkinderspielbereich mit großem Kletterfisch, Rutschen und Sandspielplatz. Auch ein öffentliches WC und ein Snackautomat sind vorhanden. In der Hauptsaison versorgt ein kleines Bistro mit Essen und Getränken. Die Wege sind kinderwagentauglich.

Challenge: Schafft ihr es, die 200 Meter lange Balancierstrecke zu gehen, ohne abzusteigen?

TIPP: Wer am Ende des Motorikparks bei der Station 33 dem Weg neben dem Fluss Krems folgt, wird nach wenigen Metern mit dem Anblick eines Wasserfalls belohnt.

Adresse Nettingsdorfer Straße 22, 4053 Ansfelden; barrierefrei // Öffis mit dem Zug bis Nettingsdorf, danach 500 Meter Fußweg // Anfahrt 20 Minuten ab Linz Hauptbahnhof, B139 oder A7/A1, Ausfahrt Traun, dann B139 bis Nettingsdorfer Straße // Öffnungszeiten ganzjährig zugänglich // ab 2 Jahre // kostenlos, kinderwagentauglich, WC

8_ DIE RITZLHOF-GÄRTEN

Der Naschpavillon und das Auferstehungsgrab

Ein riesengroßes, aber kaum bekanntes Areal voller spannender Gärten, mystischer Ecken, leckerer Beeren und Früchte, artenreicher Teiche und mit einigen Spielgeräten, die zum Entdecken einladen – das ist der Ritzlhof Themen- und Freizeitpark.

Er liegt direkt hinter der Gartenbaufachschule Ritzlhof in Ansfelden, ist jederzeit öffentlich zugänglich und entstand im Rahmen der Landesgartenschau, die 2011 hier abgehalten wurde. Die Gärten werden seitdem von den Schülern und Schülerinnen gepflegt und bleiben so der Öffentlichkeit erhalten. Ihr findet dort 25 Themengärten, darunter Wassergärten mit Fröschen und Kaulquappen, einen Rosengarten, einen Musikgarten, Sinnesgärten und einen Bibelgarten, der euch auf eine Reise durch die Bibel mitnimmt.

Ein besonderes Highlight ist der große Naschpavillon, in dem man sich so wunderbar verstecken und von den vielen leckeren Früchten naschen kann. Besonders gut schmeckt die noch weitgehend unbekannte Japanische Weinbeere – ihr solltet sie unbedingt probieren! Der Pavillon eignet sich außerdem sehr gut als ungewöhnliche Fotoshoot-Location.

Eine weitere Attraktion ist der Bibelgarten mit dem Auferstehungsgrab. Hier kann man ein Steingrab in Originalgröße betreten. Ein weiterer Höhepunkt sind die Teiche mit den Fröschen und der kleine Spielplatz mit Schaukel und Hängematte. Was gefällt euch am besten? Besucht den Park und findet es heraus!

Adresse Schellingstraße 60, 4053 Ansfelden // Öffis mit dem Zug bis Haltestelle Nettingsdorf Bahnhof, von dort 1,3 Kilometer Fußweg // Anfahrt 20 Minuten ab Linz Hauptbahnhof, über B139 oder A7/A1, Ausfahrt 174 Traun, dann B139, im Kreisverkehr 2. Ausfahrt auf Kremstalstraße, Ziel links, kostenlose Parkplätze vorhanden // Öffnungszeiten immer zugänglich // für jedes Alter // kostenlos, kinderwagentauglich

TIPP: Hinter dem Themen- und Freizeitpark liegt der Rastplatz Donausteig, ein großer Erdhügel mit toller Aussicht.

9_DAS KARUSSELL-PARADIES

Zwei Buchstaben, ein Ort

Au an der Donau ist ein kleiner Ort, der viel zu bieten hat: Man kann dort spielen, baden, genießen und wandern. Perfekt für einen Tagesausflug mit der ganzen Familie!

Erstens findet ihr dort einen ganz besonderen Spielplatz. Gleich fünf verschiedene Karussells laden zum Drehen und Wirbeln ein. Fast wie am Jahrmarkt, nur eben gratis – das gibt es sonst auf keinem Spielplatz. Schafft ihr es, alle fünf auszuprobieren, ohne dass euch schwindelig wird? Noch etwas Ungewöhnliches gibt es zu entdecken: ein Riesenfass, in dem man wie in einem Hamsterrad laufen kann. Weiters Rutschen, Schaukeln, Sandkästen, Balancier- und Klettergeräte und einen Flying Fox. Der Spielplatz liegt idyllisch neben einem ruhigen Gewässer, in dem auch geplanscht werden kann. Wer saubereres Wasser bevorzugt, findet etwa 100 Meter den Radweg hinauf einen Badestrand an der Donau – Schaukelseil über dem Wasser inklusive.

Zweitens liegt direkt oberhalb des Spielplatzes das Restaurant »donAu Stand'l«, wo ihr euch im wunderschönen Gastgarten mit Blick auf den Hafen stärken könnt. Auch Schiffsrundfahrten und Kajak-Paddeln werden angeboten. Eine öffentliche Toilette mit Wickeltisch ist ebenfalls vorhanden.

Und drittens: Wer sich anschließend die Beine vertreten will, kann das am sieben Kilometer langen Au-Lehrpfad tun. Ein Aussichtsturm, der begehbare hölzerne Fisch namens Doni und spannende Einblicke in das Auengebiet machen ihn zu einem echten Highlight.

Adresse Hafenstraße 1, 4332 Au an der Donau; barrierefrei // Öffis Bus E389 ab Linz/Chemiepark bis Au an der Donau Hafenstraße // Anfahrt 35 Minuten ab Linz Hauptbahnhof, B3 bis Machlandstraße/Perger Straße, Parkplätze unweit vom Spielplatz vorhanden // Öffnungszeiten Spielplatz immer zugänglich, donAu Stand'l je nach Jahreszeit, aktuelle Infos unter www.donau-standl.at // ab 1 Jahr // kostenlos, WC, Wickeltisch, Kinderhochstuhl

TIPP: Wem ein Tag Karussellfahren nicht genug ist, der kann auch am nahe gelegenen Campingplatz übernachten. Urige Unterkünfte wie zum Beispiel Holzröhren und eine Hütte in Ei-Form können gemietet werden (www.donau-standl.at).

10_DIE SPECK-ALM

Abenteuerspielplatz mit Lokomotive

Ein wunderbarer Tipp für Familien ist die Speck-Alm in Bad Kreuzen. Die Anfahrt zahlt sich definitiv aus – insbesondere wenn man den Ausflug gleich mit einer Familienwanderung am Speckalmweg durch die atemberaubende Wolfsschlucht verbindet. Der Rundweg ist 4,8 Kilometer lang und so angelegt, dass die Speck-Alm sowohl Start- als auch Zielort ist. Er ist nicht kinderwagentauglich, führt größtenteils durch schattigen Wald und an einem Bach mit vielen Wasserfällen entlang. Eine Tafel mit einer Wanderkarte findet ihr vor der Speck-Alm.

Die Speck-Alm selbst lockt mit außergewöhnlicher Kinderfreundlichkeit und authentischem Almfeeling – Glockengeläut, schöne Aussicht und leckere Jause inklusive. Der große Abenteuerspielplatz bietet Kindern alles, was das Herz begehrt: Ziegen und Kaninchen, ein großes Kletter-Piratenschiff mit Rutsche, Wippen, Schaukeln, einen Kletterturm namens »Specki-Land« mit kleinem Indoor-Spielbereich und vor allem den Speck-Alm-Express. Der begehbare hölzerne Spielzug fährt zwar nicht, inspiriert aber wunderbar zu Rollenspielen und wilden Verfolgungsjagden von Waggon zu Waggon. Während die Eltern im Gastgarten sitzen, können sie die Kinder am Spielplatz gut im Blick behalten.

Nach all dem Spielen und Toben knurrt bestimmt der Magen. Besonders zu empfehlen: das Gericht »Des wü i a« mit einer kleinen Überraschung. Als Nachspeise gibt es »hausgmochte« Bauernkrapfen, Kokoskuppeln, Eis oder Mehlspeisen. Lecker!

Adresse Lehen 15, 4362 Bad Kreuzen, www.speck-alm.at // **Anfahrt** 50 Minuten ab Linz Hauptbahnhof, B3 Richtung Osten, bei Saxen auf Österreichische Romantikstraße abbiegen, dann links auf Lehen, Lehen und Greinwaldstraße folgen bis Frankenbergerstraße, Parkplätze vorhanden // **Öffnungszeiten** Do–So, Feiertage 14–20 Uhr, Selbstbedienungsladen für Wanderer 24/7 // ab 4 Jahre // kostenpflichtig, WC, Wickeltisch, Kinderhochstühle

TIPP: Wer mit Kindern unter vier Jahren unterwegs ist, kann den Ausflug mit einem Besuch des Kneippgartens Bad Kreuzen (Bad Kreuzen 106) kombinieren. Dort gibt es einen Klanggarten, einen Wasserspielplatz, einen Naschgarten und vieles mehr.

11_DER ERLEBNISWEG MOORWALD

Begegne dem riesigen Dinosaurier des Moorwaldes

Im Mühlviertel bei Bad Leonfelden, etwa 35 Autominuten von Linz entfernt, gibt es einen wunderbaren Erlebnisweg. Der Rundweg ist etwa drei Kilometer lang und führt an abwechslungsreichen Stationen vorbei, darunter eine Glocke zum Selbstläuten, ein eiskaltes Kneipp-Becken, zwei lebensgroße hölzerne Pferde mit Kutsche, ein Barfußweg, ein Baumstamm-Xylophon, ein Steg mitten im Moor und ein riesengroßer Dinosaurier.

Außerdem können von Frühsommer bis Herbst viele wilde Beeren entlang des Weges gepflückt und vernascht werden: Walderdbeeren, Brombeeren, Himbeeren und Heidelbeeren.

Startpunkt der Wanderung ist der kleine Parkplatz im Badweg mit schönem Ausblick auf Bad Leonfelden. Auf der großen Tafel beim Parkplatz bekommt ihr einen guten Überblick über die verschiedenen Moorwanderwege sowie mögliche Abkürzungen. Der Erlebnisweg Moorwald ist gut beschildert; ein hölzernes Eichhörnchen führt als Wegweiser durch den Wald.

Der Weg ist nicht kinderwagentauglich, jedoch bereits ab einem Alter von etwa drei Jahren gut zu schaffen. Die ersten 200 Meter geht es steil bergauf, anschließend meist flach dahin. Die Wald- und Schotterwege sind großteils schattig und auch im Sommer angenehm kühl. Viele Tische und Sitzbänke an der Strecke geben Gelegenheit zum Ruhen und Jausnen. Packt das Mittagessen doch einfach ein und genießt es an einem Jausentisch im Freien! Denn bei Vogelgezwitscher und Waldluft schmeckt das Essen gleich doppelt so gut.

Adresse Badweg, 4190 Spielau // Anfahrt 35 Minuten ab Linz Hauptbahnhof, über B126 bis Linzer Straße, dann Adalbert-Stifter-Straße und Kurhausstraße bis zum Badweg 1, Parkplatz 50 Meter weiter den Badweg entlang // Öffnungszeiten immer zugänglich, auch im Winter begehbar // ab 3 Jahre // kostenlos

TIPP: Direkt neben dem Parkplatz liegt der Esel- und Ziegenhof Bad Leonfelden. Dort könnt ihr aufgeweckte Ziegen streicheln und außergewöhnliche Wandertouren mit gutmütigen Eseln buchen (www.eselundziegenhof.com).

12_DAS LEBZELTARIUM

Verziere dein eigenes Lebkuchenherz!

Nur wenige Schritte durch die Glastür, und schon erschnuppert ihr ihn, diesen wunderbaren Duft, der voller Erinnerungen steckt: den Duft nach Lebkuchen. Ihr meldet euch kurz an, und dann geht es los. Gleich zu Beginn gibt es Lebkuchenhäuser zu bestaunen. Dann öffnet sich der Vorhang, und ihr tretet ein in die Lebkuchen-Erlebniswelt!

Ganz charmant im Dialekt und sehr kindgerecht werdet ihr durch die Erlebniswelt geführt. Zuerst erfahrt ihr allerlei Wissenswertes über die Herstellung von Lebkuchen. Wusstet ihr zum Beispiel, was Persipan ist? Und warum Schokolade nach langem Liegen manchmal weiß wird?

Anschließend könnt ihr euch selbst im Verzieren eines Lebkuchenherzens versuchen. Das Herz dürft ihr danach natürlich mitnehmen. Während euer Kunstwerk trocknet, schaut ihr euch einen Film über die Geschichte des Unternehmens Kastner an. Das hat nämlich eine lange Tradition – es wurde bereits 1559 gegründet. Im nächsten Raum könnt ihr durch große Bullaugen die Produktion live beobachten. Eine kleine Auswahl der Produkte dürft ihr dann auch direkt verkosten.

Zum krönenden Abschluss geht es in einen völlig verspiegelten Raum, in dem überall Kastner-Produkte von der Decke hängen. Zitat eines Buben bei der Führung: »Ich will nicht mehr raus aus diesem Himmel!« Im Fabrikverkauf könnt ihr euch anschließend mit Kastner-Produkten eindecken. Besonders verführerisch: das mit Süßigkeiten gefüllte rote Auto. Im Advent werden bei Kastner übrigens auch Lebkuchenhaus-Workshops angeboten.

TIPP: Im familienfreundlichen Lebzelter-Café könnt ihr den Tag bei einer leckeren Tasse heißem Kakao ausklingen lassen. Kinderhochstühle und ausgewähltes Kinderspielzeug stehen zur Verfügung.

Adresse Lebzelterstraße 243, 4190 Bad Leonfelden, www.lebzeltarium.at; barrierefrei // **Öffis** Bus 312, 314 ab Linz Hauptbahnhof, Haltestelle Gallneukirchen, anschließend Bus 317, Haltestelle Bad Leonfelden Hauptplatz, von dort 850 Meter Fußweg // **Anfahrt** 40 Minuten ab Linz Hauptbahnhof, über B126 bis Bad Leonfelden, im Kreisverkehr die 2. Ausfahrt auf Lebzelterstraße nehmen, Parkplätze vorhanden // **Öffnungszeiten** ganzjährig geöffnet, Besuch ausschließlich mit Führung nach Voranmeldung mindestens 24 Stunden vorher // ab 5 Jahre // Schlechtwettertipp, kostenpflichtig, kinderwagenfreundlich, WC, Wickeltisch

13_ DIE PESENBACH-WANDERUNG

Familienwanderung zum Kerzenstein

Wildromantisch und idyllisch führt dieser acht Kilometer lange Wanderweg durch das Naturschutzgebiet Pesenbachtal, den Oberösterreich-Sieger der Sendung »9 Plätze – 9 Schätze«. Wunderschöne Ein- und Ausblicke auf den Pesenbach, kleine Wasserfälle und die sogenannte »Blaue Gasse« machen den Weg zu einem besonderen Erlebnis.

Die Wanderung ist für Familien mit Kindern ab fünf Jahren geeignet. Plant am besten drei bis vier Stunden für die Tour ein, um Zeit für Pausen und Erkundungen entlang des Weges zu haben. Bitte gutes Schuhwerk anziehen, der Weg erfordert Trittsicherheit.

Startpunkt ist der Kurort Bad Mühllacken 30 Autominuten westlich von Linz. Geparkt werden kann beim Waldbad, dem Ausgangspunkt der Wanderung. Freitag bis Sonntag hingegen bitte den einen Kilometer entfernten Besucherparkplatz benutzen. An beiden Parkplätzen steht ein WC zur Verfügung. Am ersten Abschnitt des Wanderweges kann zwischen einer Forststraße und einem Trampelpfad gewählt werden; Holzbrücken bieten Querungsmöglichkeiten. Anschließend geht es auf Waldpfaden rechts vom Bach in stetigem Auf und Ab weiter. Ein kurzer, steiler Anstieg führt schließlich zum Kerzenstein hinauf, einem 12,5 Meter hohen Felsen, der in den Himmel ragt.

TIPP: Wer die Wanderung am Vormittag unternimmt, kann den Nachmittag im Waldbad inklusive Spielplatz ausklingen lassen.

Der Heimweg kann am selben schattigen Weg oder über die kürzere, im Herbst selbst nachmittags noch wunderbar sonnige Asphaltstraße zurückgelegt werden. Auf letzterer empfiehlt sich ein Zwischenstopp bei der Mostschenke Fürstberger-Pichler.

Adresse Waldbad Bad Mühllacken, Pesenbachtal 6, 4101 Feldkirchen an der Donau // **Öffis** Direktverbindung ab Linz Hauptbahnhof, Bus 201, Haltestelle Bad Mühllacken Kurhaus // **Anfahrt** 30 Minuten ab Linz Hauptbahnhof, beim neuen Rathaus der B127 Richtung Westen folgen, kurz nach Weingarten links auf B131 abbiegen, im Kreisverkehr 1. Ausfahrt auf B132 Richtung Bad Mühllacken nehmen, Besucherparkplatz vorhanden // **Öffnungszeiten** immer zugänglich, kein Winterdienst; Mostschenke Fürstberger-Pichler Fr 17–21 Uhr, So 14–21 Uhr // ab 5 Jahre // WC, kostenlos

14_DER BOTANICA PARK

Heuspringen wie anno dazumal

Seid ihr schon einmal ins Heu gesprungen, so wie Opa das in seinen abenteuerlichen Erzählungen oder die Kinder von Bullerbü aus Astrid Lindgrens berühmten Büchern es gemacht haben? Nein? Dann solltet ihr das unbedingt nachholen! Am Kinderbauernhof im Botanica Park in Bad Schallerbach könnt ihr dieses Abenteuer mit Seltenheitscharakter erleben und vom ersten Stock des Bauernhofes ins Heu springen. Keine Angst: Unterhalb des Heus liegt eine Sicherheitsmatratze.

Der Botanica Park ist ein 22 Hektar großer Erholungspark, der im Rahmen der Landesgartenschau 2009 entstand. Er gehört zur Therme Bad Schallerbach, ist frei zugänglich und hat viele spannende Attraktionen zu bieten.

Die Highlights für Familien mit Kindern sind ein Kinderbauernhof mit süßen Kaninchen, lustig-flauschigen Hühner und neugierigen Ziegen, ein Heustadel zum Heuspringen und ein Bauerngarten. Außerdem begeistern ein Waldspielplatz, ein großer Kletterspielplatz, die Steingärten mit Sprühbrunnen, die Aussichtspyramide mit Wendelrutsche und Hängebrücke, der Dschungelpfad und die Hängematten beim Naturteich, der Hecken-Irrgarten sowie das Weidenhaus beim Meditationsgarten.

Ein 2,6 Kilometer langer Rundweg führt durch den Park. Für den Ausflug solltet ihr einen ganzen Tag einplanen. Eine Übersichtskarte mit allen Attraktionen des Parks findet ihr online und auf einer Infotafel zu Beginn des Rundweges.

TIPP: Nur 300 Meter vom Kinderbauernhof entfernt liegt die Mostschank Greinecker (In der Leithen 6). Hier könnt ihr von Montag bis Mittwoch sowie freitags leckere selbst gemachte Bauernkrapfen genießen und die lokale Spezialität »Rosinenwitzel« probieren.

Adresse Promenade 1, 4701 Bad Schallerbach, www.eurothermen.at/bad-schallerbach/botanica-park; barrierefrei // Öffis ab Linz Hauptbahnhof mit dem Zug bis Bad Schallerbach-Wallern, von dort 700 Meter Fußweg // Anfahrt 35 Minuten ab Linz Hauptbahnhof, über A7 und A1 Richtung Salzburg, beim Knoten Haid die A25 Richtung Wels nehmen, Abfahrt Wels-Nord, der B137 bis Bad Schallerbach folgen, kostenlose Parkmöglichkeiten bei der Therme Bad Schallerbach // Öffnungszeiten Botanica Park ganzjährig zugänglich; Kinderbauernhof inklusive Heustadel in den Sommerferien täglich 13 – 18 Uhr // für jedes Alter // kostenlos, kinderwagentauglich

15_DER ENNSUFERWEG

Familienwanderweg zum tosenden Wasserfall

Wasserfälle sind einfach wunderschön und faszinieren nicht nur Kinder jedes Mal aufs Neue. 50 Autominuten von Linz entfernt findet ihr das Naturdenkmal Fallerbucht, das sogar mit Öffis gut erreichbar ist, da der Ausgangspunkt direkt am Bahnhof liegt. Ein tolles Ausflugsziel für Familien mit Kindern ab drei Jahren!

Der Natur-Aktiv-Wanderweg Ennsufer besticht durch eine abwechslungsreiche Strecke entlang der Enns durch Wald und Wiesen, regelmäßige Bänke zum Ausruhen und den Faller-Wasserfall, den abenteuerlustige Kids auch von hinten durchqueren können. Außerdem gibt es beim Wasserfall eine Höhle sowie einen Tisch und eine Bank für eine Jausenpause. Gut zu wissen: Im Frühjahr führt der Fluss am meisten Wasser, im Hochsommer kann er manchmal versiegen.

Der Ennsuferweg ist 4,6 Kilometer lang, etwa 2,5 Stunden sollten dafür eingeplant werden. Praktisch: Wer mit Kindern unter fünf Jahren unterwegs ist, kann auch die nur einen Kilometer lange Teilstrecke vom Bahnhof Dürnbach zum Wasserfall gehen. Sie ist wunderbar kurz und abenteuerlich – Trittsicherheit ist nötig. Sind die Kids müde, kann der Rückweg auch über die Asphaltstraße angetreten werden. Dazu dem Trampelpfad den Hügel hinauf folgen, die Gleisunterführung durchqueren und entlang des Lauchweges zurück zum Bahnhof spazieren.

Adresse Startpunkte: Bahnhof Dürnbach an der Enns (Beginn des Weges gegenüber der Kapelle) oder Bahnhof Ternberg, 4452 Ternberg // **Öffis** per Zug zum Bahnhof Dürnbach an der Enns oder nach Ternberg // **Anfahrt** 50 Minuten ab Linz Hauptbahnhof, über A1 Richtung Wien, Ausfahrt Enns-West, dann B309 und B115 ins Ennstal, Parkmöglichkeiten am Bahnhof Dürnbach an der Enns // **Öffnungszeiten** März–Nov. // ab 3 Jahre // kostenlos

TIPP: Anschließend tut eine Stärkung gut! Das familienfreundliche Gasthaus Boigerstadl (Boigstraße 14, 4451 Garsten) liegt am Rückweg nach Linz und hat nicht nur sehr leckeres Essen, sondern auch einen Gastgarten mit Ausblick und Spielplatz zu bieten.

16_DIE EIDENBERGER ALM

Familienfreundliche Location für besondere Anlässe

Ob Taufe, Geburtstag, Hochzeit oder Segnung – wer eine Familienfeier plant, der braucht auch einen passenden Ort, an dem sie stattfinden kann. Ein guter Tipp für besondere Anlässe ist die Eidenberger Alm im Mühlviertel, nur 30 Autominuten von Linz entfernt.

Die Eidenberger Alm liegt idyllisch inmitten zufrieden grasender Kühe und Pferde im Mühlviertler Grünland. Schon beim Weg hinauf wird man Kurve um Kurve mit einem atemberaubenden Ausblick über Linz verwöhnt, den man anschließend auch bei herzhafter traditionell österreichischer Küche auf der Almterrasse genießen darf – klare Sicht vorausgesetzt.

Kinder sind hier herzlich willkommen. Zwei Spielplätze, einer auf einer ebenen Wiese und einer am Hang, laden zum Spielen und Toben ein. Beide können von der Terrasse aus großteils überblickt werden. Die meisten Spielgeräte sind für Kinder ab etwa drei Jahren geeignet. Das absolute Highlight aber sind die neugierigen Ziegen, die gestreichelt werden dürfen. Außerdem gibt es eine eigene Kinderkarte und mit der Familienkarte ein alkoholfreies Getränk gratis. Ein WC mit Wickeltisch und Kinderhochstühle sind natürlich auch vorhanden.

Gut zu wissen: Die Eidenberger Alm ist Seminarhotel, Gasthof und Pension zugleich. Praktisch, falls Gäste von weit her anreisen und übernachten möchten.

Adresse Almstraße 5, 4201 Eidenberg // **Anfahrt** 30 Minuten ab Linz Hauptbahnhof, nördlich der Nibelungenbrücke links auf B127, dann rechts auf Hagenstraße/Hohe Straße/Pöstlingbergstraße bis Neulichtenberg, dort links auf Wipflerberg, dann rechts auf Wipflerbergstraße/Hofaustraße, der Beschilderung zur Eidenberger Alm folgen, Parkplätze vorhanden // **Öffnungszeiten** Do–So ab 7 Uhr, So ab 20 Uhr geschlossen; Veranstaltungen ab 20 Personen auch an Ruhetagen möglich // für jedes Alter // Kleinkindsessel, kostenpflichtig, WC, Wickeltisch

TIPP: Ihr plant eure Familienfeier im Winter und benötigt eine Location mit Indoor-Spielraum für die Kinder? Dann werdet ihr im Landhotel Schickelberg, im Metzenhof Kronstorf und beim Wirt z'Walding fündig.

17_DIE FELDKIRCHNER SEEN

Karibik-Feeling am Sandstrand und Motorikpark

Eine Bucht mit Sand so fein und weiß wie Schnee, ein Bewegungsspielplatz auf einer abenteuerlichen Halbinsel und sportliche Möglichkeiten ohne Ende – das sind die Highlights der etwa 30 Autominuten von Linz entfernt liegenden Feldkirchner Badeseen. Gleich vier Seen liegen hier direkt nebeneinander und bieten viel Platz zum Schwimmen, Chillen und Toben. Das Freizeitresort besticht durch vier Spielplätze, ein Kinder-Badebecken, sechs WC-Anlagen und neun Restaurants. Besitzer der Seen ist das Land Oberösterreich. Der Zugang ist kostenlos, in der Badesaison von Anfang Juni bis Ende August werden Parkgebühren verlangt.

Besonders empfehlenswert für Familien ist der Badeplatz am Badesee III am Areal der Seeseitn Feldkirchen, unweit vom Restaurant »DasSee«. Dort gibt es nämlich eine ganze Bucht, in der feinster Sand aufgeschüttet wurde. Ein Paradies für kleine und große Sandburgenbauer! Weitere Vorteile sind das nahe WC, der Jetlake-Wasserski- und Wakeboard-Lift, der Blob-Turm, das Tauchzentrum, der Beachvolleyballplatz und seit 2021 der größte Aquapark Österreichs. Auch Stand-up-Paddeln kann ausprobiert werden, und der Motorikpark mit 20 Bewegungsstationen liegt gleich um die Kurve.

TIPP: Von Mai bis Juni könnt ihr am Erdbeerfeld unweit des Sees leckere Früchte naschen und sammeln!

Für jeden, der sich jetzt fragt, was ein Blob-Turm ist: Das ist ein Holzturm, von dem man auf ein schwimmendes Luftkissen springt, das einen ins Wasser katapultiert. Verrückt, oder? Ganz Mutige probieren es selbst, alle anderen haben bestimmt auch beim Zusehen und Mitfiebern viel Spaß.

Adresse Seeseitn Feldkirchen, Badeseestraße 6, 4101 Feldkirchen an der Donau // **Anfahrt** 30 Minuten ab Linz Hauptbahnhof, über B127, in Ottensheim links auf B131, links auf Goldwörther Straße, der Beschilderung zur Seeseitn Feldkirchen folgen, Parkplätze vorhanden // **Öffnungszeiten** immer zugänglich // für jedes Alter // kostenpflichtig, kinderwagentauglich, WC

18_DER FREIZEITPARK GOLDBERG

Ein Paradies für Groß und Klein

Diese Location begeistert die ganze Familie, denn sie hat wirklich für jedes Alter etwas zu bieten.

Im 45.000 Quadratmeter großen Soccerpark könnt ihr beim Fußballgolf auf 18 Bahnen euer Geschick mit dem Fußball unter Beweis stellen. Fußballgolf ist eine eher junge Sportart, die Fußball, Golf und Minigolf miteinander kombiniert. Wie beim Minigolf muss der Ball mit möglichst wenigen Kicks ins Loch. Dabei sind kreative Hindernisse zu überwinden. »Das Schöne an Fußballgolf ist, dass es Männern und Frauen gleich viel Spaß macht. Denn bei den Stationen ist nicht nur Kraft, sondern vor allem viel Feingefühl gefragt«, erzählte eine Mitarbeiterin. Ein Durchgang dauert je nach Gruppengröße zwei bis drei Stunden.

Im 2021 neu eröffneten Klettergarten hingegen könnt ihr euer Klettergeschick unter Beweis stellen. Es gibt sieben Kletterparcours mit unterschiedlichen Höhen und Schwierigkeitsgraden sowie einem durchgängigen Sicherheitssystem.

Auch für die ganz Kleinen hat sich Familie Mayr etwas ausgedacht. Auf einem Hügel mit Blick auf den Kletterpark findet ihr ein großes Sprungpolster, auf dem ihr euch nach Lust und Laune austoben könnt. Außerdem gibt es eine Goldwaschanlage unten beim Bach. Ihr kauft ein Säckchen mit Sand und bunten Edelsteinen, bekommt ein Goldwäschersieb, und schon kann es losgehen! Die Edelsteine dürfen die Kinder dann natürlich behalten.

TIPP: Wenn ihr bei all dem Spaß hungrig geworden seid, werdet ihr gleich nebenan im Brauhof Goldberg fündig. Im schattigen Gastgarten mit Blick auf den Spielplatz lässt es sich wunderbar entspannen (Do–Sa 16–23 Uhr, So und Feiertage 14–21 Uhr).

Adresse Weichstettenstraße 119, 4521 Schiedlberg, www.goldberg4fun.at // **Öffis** Direktverbindung ab Linz, Bus 410, Haltestelle Schiedlberg Wirnzberg, von dort 850 Meter Fußweg // **Anfahrt** 30 Minuten ab Linz Hauptbahnhof, B1 bis Ebelsberg, dort rechts abbiegen auf Florianer Straße/Wolferner Straße, dem Straßenverlauf bis Hainbach folgen, dann rechts auf Sierninger Straße, Parkplätze vorhanden // **Öffnungszeiten** siehe Website // Sprungpolster, Goldwaschanlage ab 1 Jahr, Soccerpark ab 8 Jahre, Kletterpark ab 6 Jahre mit Begleitung, ab 14 Jahre ohne Begleitung // WC, Wickeltisch, kinderwagenfreundlich, kostenpflichtig

19_DER TIERPARK STADT HAAG

Wilde Tiere und rasante Rutschen

Hier fühlen sich wilde Kinder wohl! Denn zum einen bietet der Tierpark Haag kleinen Entdeckern die Möglichkeit, neben den üblichen Tieren auch einmal wilde Raubtiere wie Löwen, Tiger, Leoparden, Pumas, Wölfe und Luchse sowie Braunbären aus der Nähe zu beobachten. Mit etwas Glück könnt ihr sogar bei der Raubtierfütterung zusehen.

Zum anderen gibt es im Tierpark auch einen riesengroßen Erlebnisspielplatz. Er ist definitiv der coolste und größte Spielplatz im weiteren Umkreis von Linz, sehr abwechslungsreich und gibt sowohl Kleinkindern als auch älteren Kindern viel Gelegenheit zum Spielen und Austoben. Das Highlight: die abenteuerlichen Rutschen. Auch das Rotwild direkt nebenan ist ein richtiger Kindermagnet. Praktischerweise liegt der Spielplatz bei einem Buffet, sodass ihr den Besuch mit einer Kaffeepause verbinden könnt. Da der Spielplatz auf halbem Weg des Rundweges liegt, kann man hier auch gut die Mittagspause verbringen.

Gut zu wissen: Am Spielplatz gibt es einige Wasser-Spielmöglichkeiten – Wechselkleidung also mit einpacken. Auch Kappe und Sonnenschutz sollten nicht fehlen. Der Tiergarten kann gut mit dem Kinderwagen besucht werden, kleine Steigungen müssen aber überwunden werden. Im Eingangsbereich könnt ihr Tiernahrung zum Verfüttern kaufen und praktische Leiterwagen ausleihen. Für den Besuch solltet ihr mindestens drei Stunden einplanen.

Adresse Salaberg 34, 3350 Stadt Haag; barrierefrei // Anfahrt 30 Minuten ab Linz Hauptbahnhof, über A1 Richtung Wien, Ausfahrt Stadt Haag, dann B42 Richtung Steyr, Parkplätze vorhanden // Öffnungszeiten saisonal unterschiedlich, aber ganzjährig und täglich zugänglich, aktuelle Infos auf www.tierparkstadthaag.at; Eintritt für Kinder unter 6 Jahren frei // ab 2 Jahre // WC, Wickelplatz, Stillraum, kinderwagenfreundlich, kostenpflichtig

TIPP: Im kostenlosen Freilichtmuseum im Weiß-Park (Bahnhofstraße 159) könnt ihr eine Hausmühle mit Wasserrad, alte Traktoren und vieles mehr bestaunen.

20_DER FLUGHAFEN HÖRSCHING

Wo du vom Fliegen träumen kannst

Wer kennt das nicht? Kaum hallt das Geräusch eines Flugzeuges oder Helikopters durch die Luft, ist mit Kindern jeder Spaziergang zunächst einmal zu Ende. Erst wenn das Flugobjekt erfolgreich am Himmel gesichtet wurde, ist an ein Weitergehen zu denken. Flugzeuge faszinieren eben – und zwar nicht nur Kinder.

Eine günstige Idee für einen unvergesslichen Ausflug ist deshalb der Flughafen Hörsching. Dort könnt ihr die Flugzeuge beim Beladen, Starten und Landen gemütlich von der großen, frei zugänglichen Dachterrasse aus beobachten. Sogar einen kleinen Kinderspielbereich gibt es. Bei Schlechtwetter könnt ihr den Flugzeugen von einem der Fenster aus zusehen. Erkundigt euch am besten vorher nach dem Flugplan. Spannend: Der Flughafen Hörsching ist eigentlich ein Militärflughafen mit zivilem Nutzungsrecht. Mit etwas Glück entdeckt ihr bei eurem Besuch daher sogar Militärflugzeuge bei Übungen!

Auch im Erdgeschoss gibt es etwas Besonderes für Kinder – nämlich eine große Kreide-Maltafel. Hinterlasst doch eine nette Botschaft für die nächsten Besucher! Im Flughafen werden übrigens auch Führungen angeboten, bei denen ihr sonst nicht frei zugängliche Orte besichtigen könnt. Alle Infos dazu findet ihr auf der Website.

Apropos Website: Dort könnt ihr die Flugzeuge dank Webcam auch von zu Hause aus beobachten.

Adresse Flughafenstraße 1, 4063 Hörsching, www.linz-airport.com; barrierefrei // **Öffis** Flughafenbus 601 ab Linz Hauptbahnhof, Haltestelle Flughafen Linz Terminal // **Anfahrt** 15 Minuten ab Linz Hauptbahnhof, über B139 bis zum Kreisverkehr bei der Umfahrung Doppl, dort 2. Ausfahrt auf Flughafenstraße nehmen, kostenpflichtiger Parkplatz vorhanden // **Öffnungszeiten** Flughafen jederzeit, Dachterrasse im Sommer 6–23 Uhr // ab 2 Jahre // Schlechtwettertipp, WC, Wickeltisch, Stillmöglichkeit, kostenfrei, kinderwagentauglich

TIPP: Rund um das Flughafengelände gibt es speziell für Planespotter errichtete »Spotterlöcher«, also Löcher im Drahtzaun, die einen freien Blick auf die Flugzeuge ermöglichen. Eine Karte mit allen Spotterlöchern findet ihr auf der Website des Vereins Freunde des Flughafens Linz (www.vffl.at).

21_DER MOTORIKPARK LUNGITZ

Flitze mit der Tarzanschaukel über den Hang!

Der Motorikpark Lungitz ist Teil der Katsdorf-Oasen, drei im selben Ort gelegene Motorikparks im Bezirk Perg im Mühlviertel. Er liegt direkt neben dem Gebäude der Freiwilligen Feuerwehr Lungitz, Parkplätze sind ausreichend vorhanden. Besonders praktisch: Der Bahnhof befindet sich ebenfalls in Gehweite, der Park ist also super mit den Öffis erreichbar.

Balancieren, klettern, schaukeln, rutschen und Kräfte messen – hier ist für Kinder jeden Alters und auch für Erwachsene etwas dabei. Über 20 Stationen laden zum Bewegen und Erkunden ein. Auch im Hochsommer, denn ein Teil der Stationen liegt im Wald. Besonders spannend sind die Tarzanschaukel, das Präzisionsfischen im Teich, der Boxsack und der Vulkan-Kitesurf-Simulator. Na, jetzt seid ihr aber neugierig geworden, oder?

Nach dem vielen Herumtoben ist man ausgepowert und hungrig. Wie gut, dass Sitzbänke und Tische zum Jausnen bereitstehen! Ein Trinkwasserbrunnen, ein Getränkeautomat und ein Dixi-WC ergänzen die praktische Infrastruktur. Vielen Dank, liebe Gemeinde Katsdorf!

Fazit: Der Motorikpark Lungitz ist zwar um einiges kleiner als der Motorikpark Ansfelden, hat aber andere Stationen zu bieten und ist für Mühlviertler rascher zu erreichen. Eine tolle Möglichkeit für einen sonnigen Nachmittagsausflug. Wer danach noch nicht müde ist, kann sich natürlich auch noch die zwei anderen »Oasen« bei der ASKÖ Sportanlage und der Volksschule Katsdorf ansehen.

TIPP: Gut essen kann man im Deisinger Hof in Ruhstetten 99 in Katsdorf. Für die Kinder gibt es einen Spielplatz und einen Streichelzoo.

Adresse Lungitz 63, 4223 Katsdorf // **Öffis** Direktverbindung ab Hauptbahnhof Linz, S3, Haltestelle Lungitz/Gusen // **Anfahrt** 20 Minuten ab Linz, über B3 bis Pulgarn Bahnhof, links auf Luftenbergstraße/Pleschinger Straße abbiegen, bis St. Georgen folgen, dort links auf Gusentalstraße/Lungitz, Parkplätze vorhanden // **Öffnungszeiten** immer zugänglich // ab 2 Jahre // kostenlos, WC

22_DER WASSER-WICHTELWEG

Der Dornröschenturm und die bunten Zwerge

Der Wasserwichtelweg Kirchschlag ist ein schöner Familienwanderweg im Bezirk Urfahr-Umgebung. Auf der ganzen Strecke werdet ihr von aus Holz geschnitzten und bunt bemalten Wasserwichteln mit freundlichen Gesichtern begleitet. Die Wasserwichtel sind eine Erfindung der jungen Kirchschlager Autorin Mia Kaiser. Sie schrieb mit nur neun Jahren das Buch »Saymara und der Windgeist«, das für Künstler Andreas Feigl zur Inspiration für den Wasserwichtelweg wurde.

Parken könnt ihr am besten im Ortszentrum bei der Gemeinde, wo ihr euch zu den Öffnungszeiten auch gleich das kostenlose Buch von Mia holt. Nach fünf Gehminuten den Hügel hinauf Richtung Nordwest erreicht ihr auch schon den Eingang zum Wasserwichtelweg. Der Wanderweg ist etwa zwei Kilometer lang und hat neben der wunderbar frischen Luft und dem schönen Wald auch einige Spielstationen zu bieten. Unter anderem einen kleinen Wasserspielplatz mit Wasserpumpe und Balancierstationen, einen Barfußweg und ganz am Ende den Spielplatz des Drachens Saymara. Der Rundweg selbst ist kinderwagentauglich und kann dank Winterdienst auch bei Schneelage begangen werden. Nur der Abstecher auf den Gipfel des Breitensteins zum bunt bemalten Dornröschenturm ist nicht kinderwagentauglich. Am besten die Mittagsjause mitnehmen und beim großen Jausentisch am Gipfel eine Pause einlegen. Der Aussichtsturm mit seiner Aussichtsplattform in 20 Metern Höhe ist begehbar und bei Schönwetter geöffnet.

TIPP: Beim Maurerwirt im Zentrum von Kirchschlag (Kirchschlag 46) gibt es sogar ein eigenes Wasserwichtel-Eis, einen Kinderspielplatz draußen, eine Kinderspielecke drinnen, Kinderhochstühle und ein WC mit Wickeltisch.

Adresse Am Breitenstein 5, 4202 Kirchschlag bei Linz, www.wasserwichtelweg.com // **Anfahrt** 25 Minuten ab Linz Hauptbahnhof, über B126/Leonfeldner Straße, links auf Kirchschlager Bezirksstraße, der Beschilderung bis Kirchschlag folgen, bitte nicht beim Friedhof parken, sondern beim Gemeindeamt Kirchschlag (Kirchschlag 44) // **Öffnungszeiten** Wasserwichtelweg ganzjährig, Aussichtsturm bei Schönwetter 8–20 Uhr // für jedes Alter // kostenlos, kinderwagentauglich

23_DAS MAISLABYRINTH

Mit Gokart-Bahn und Maisspielkiste

Das Kronstorfer Maislabyrinth ist eines meiner liebsten Ausflugsziele. Zu entdecken gibt es im Maislabyrinth Kronstorf nämlich viel mehr als nur Mais – und das zu einem wirklich guten Preis-Leistungs-Verhältnis.

Mitten im Maislabyrinth liegt »Maishofen«, ein schöner Pausenort mit Fotobox, Gartenhütte mit Malecke, Snackautomaten, Tischen und Bänken zum Jausnen sowie einer Maisspielkiste. Das ist eine Sandkiste, die mit Mais gefüllt ist – eine lustige Idee. Größtes Highlight aber ist seit 2021 die Gokart-Bahn mitten im Maisfeld. Auch auf dem Weg durch das Labyrinth gibt es einiges zu erkunden: Rätsel, eine Rutsche, einen Aussichtsturm, eine Fasan-Futterstelle und einige Stempelplatz-Boxen. Die Stempel kann man auf einem Stempelpass sammeln und damit an einem tollen Gewinnspiel teilnehmen.

Die Wege sind kinderwagentauglich und liegen je nach Sonnenstand im Schatten oder in der prallen Sonne, daher besser guten Sonnenschutz mitnehmen. Eine eigens angelegte Schattenzone mit Bach bietet aber gute Abkühlung. Für den Besuch solltet ihr etwa zwei Stunden einplanen.

Wie das Maislabyrinth entstanden ist? Der vierjährige Sohn der Familie Forstner hatte die Idee dazu aus einem Kinderbuch. Die Familie ließ sich begeistern und setzte sie um. Der Mais ist übrigens Futtermais, also eine Sorte, die an Tiere verfüttert wird. Um das Labyrinth anzulegen, wird er bei circa 50 Zentimetern Höhe mit dem Rasenmähtraktor abgemäht.

TIPP: Ganz in der Nähe könnt ihr einmal genau auf der Grenze zwischen Ober- und Niederösterreich stehen. Folgt dazu der Mühlradinger Straße bis zur Brücke über die Enns.

Adresse Finkenstraße, 4484 Kronstorf, www.kronstorfer-maislabyrinth.at; barrierefrei // **Öffis** mit der S1 ab Linz Hauptbahnhof bis Enns, dann Bus 401 Richtung Steyrer City Point, Haltestelle Kronstorf Plaik, von dort 600 Meter Fußweg // **Anfahrt** 25 Minuten ab Linz, A1 Richtung Wien, Ausfahrt Enns-Ost, dann rechts halten und der Beschilderung Richtung Kronstorf folgen, Parkplätze vorhanden // **Öffnungszeiten** abhängig vom Maiswachstum, meist Juli–Sept. täglich 9–21 Uhr, aktuelle Infos auf der Website und auf Facebook; Eintritt unter 3 Jahren gratis // für jedes Alter // WC, kinderwagentauglich, kostenpflichtig

24_DER JUMP DOME

Lauf an der Wand entlang!

Der Jump Dome ist der größte Trampolinpark Oberösterreichs und eigentlich viel mehr als ein Trampolinpark. Auf über 4.000 Quadratmetern findet ihr hier nämlich nicht nur verschiedenste Arten von Trampolinen, sondern auch einen Riesen-Airbag mit Sprungturm und einen richtig coolen Ninja-Warrior-Parcours. Dort müsst ihr sicheren Fußes über wackelige Elemente laufen, gekonnt balancieren und euch kraftvoll über eine mit Schaumstoffstücken gefüllte Grube hanteln, um zur anderen Seite zu gelangen – genau wie in der Show »Ninja Warrior Austria« und der älteren chinesischen Show »Takeshi's Castle«. Challenge: Schafft ihr es ohne Fehler über den gesamten Parcours?

Ebenfalls sehr spannend: das längste Trampolin der Welt und die Wall-Running-Trampoline, mit denen ihr das An-der-Wand-Laufen ausprobieren könnt. Für den Trampolinpark gilt keine Altersbeschränkung; jeder, der sich fit genug fühlt, kann springen. Für die kleinsten Kinder steht zusätzlich ein Indoorspielplatz namens Kids Playground zur Verfügung – ohne Trampoline, dafür aber mit Klettermöglichkeiten, Rutsche und Bausteinen. Springt mindestens eines eurer Kinder im Trampolinpark, ist die Nutzung des Playgrounds inklusive.

Praktisch: Von einigen Tischen im Bistro aus könnt ihr sowohl den Trampolinpark als auch den Kids Playground überblicken. So habt ihr eure Kinder im Blick, während ihr genüsslich euren Donut verspeist.

Adresse Im Bäckerfeld 1, 4060 Leonding, www.jumpdome.at/linz // Öffis Straßenbahn 3, 4, Haltestelle Im Bäckerfeld // Anfahrt 10 Minuten ab Linz Hauptbahnhof, über B139 bis Leonding, Parkhaus vorhanden, Direkteingang von der 1. Ebene des Parkhauses // Öffnungszeiten Mo–So 9–20 Uhr, 365 Tage im Jahr // für jedes Alter // Schlechtwettertipp, WC, Wickeltisch, kostenpflichtig, kinderwagentauglich

TIPP: Wenige Meter neben dem Jump Dome findet ihr die längste Kartbahn Österreichs (www.chargersracing.at).

25_DER KÖLLE ZOO

Kletter mit den Kaninchen durch den Bau!

Kölle Zoo ist ein besonderer Tierfachmarkt in Leonding. Auf über 1.500 Quadratmetern findet man dort Kaninchen, Hamster, Degus, Meerschweinchen, Mäuse, Vögel und viele wunderschöne Fische, die man in ihren Gehegen und Aquarien beobachten kann.

Aber nicht nur das: Durch das Kaninchengehege führt eine große Kletterröhre. So können die Kinder mitten durch den Kaninchenbau klettern und die Tiere durch kleine Fenster auf Augenhöhe sehen. Ein ideales Schlechtwetterprogramm für kleine Tierfans! Bestimmt verliert da das eine oder andere Kind sein Herz an ein Kaninchen und möchte es mit nach Hause nehmen.

Die Anschaffung eines Haustieres sollte allerdings gut überlegt sein. Dem Unternehmen Kölle Zoo ist es ein Herzensanliegen, dass Kinder schon früh den richtigen Umgang mit Tieren lernen und auf die Verantwortung, Haustiere zu halten, vorbereitet werden.

Für Kindergeburtstagsfeiern bietet Kölle Zoo deshalb sogar kostenlose Kinderführungen ab zehn Personen an. Ist das nicht cool? Bei der Führung erfahren Kinder ab drei Jahren viel Wissenswertes über ihre liebsten (Haus-)Tiere. Sie lernen, welche Bedürfnisse sie haben und was man beachten sollte, wenn man sie anfassen oder hochnehmen möchte. Ideal, um herauszufinden, welches Haustier am besten zur Familie passt! Unter Aufsicht des Fachpersonals dürfen die Tiere dann auch herausgenommen und gestreichelt werden. Am Ende wartet ein kleines Geschenk auf jeden Gast.

Adresse Kornstraße 8, 4060 Leonding, Tel. 0732/681704, www.koelle-zoo.at; barrierefrei // Öffis Straßenbahn 3, 4, Haltestelle Harterfeldsiedlung; Bus 11, 19, 191, Haltestelle Meixnerkreuzung // Anfahrt 10 Minuten ab Linz Hauptbahnhof, über B139 Richtung Leonding, Parkplätze vorhanden // Öffnungszeiten Mo–Fr 9–19 Uhr, Sa 9–18 Uhr; Kinderführungen nach Vereinbarung // ab 0 Jahre // Schlechtwettertipp, kostenlos, kinderwagentauglich

TIPP: Im Leondinger Stadtpark etwa zwei Kilometer entfernt gibt es einen Steinlehrpfad, ein Mini-Stonehenge sowie einen schönen Spielplatz zu entdecken.

26_DER KÜRNBERGER WALD

Der Spielplatz mitten im sagenumwobenen Wald

Entdeckt den Wald, in dem Kaiser Maximilian I. jagen ging! Der sagenumwobene Kürnberger Wald liegt am 526 Meter hohen Kürnberg in den Gemeinden Wilhering und Leonding. Im 16. und 17. Jahrhundert war er ein beliebtes kaiserliches Jagdgebiet – unter anderem vom berühmten Kaiser Maximilian I. Seit dem 18. Jahrhundert ist er im Besitz des nahe gelegenen Stifts Wilhering.

Inmitten der Bäume findet ihr einen abwechslungsreichen Waldspielplatz mit zwei Rutschen, Wippen, drei verschiedenen Arten von Schaukeln, einer Wackelbrücke, einem Kletterturm aus Seilen und einer drehbaren Autoreifen-Schaukel für zwei. Im Schatten der Bäume lässt es sich auch im Sommer wunderbar spielen. Solltet ihr einmal vom Regen überrascht werden, könnt ihr im Pavillon Schutz suchen. Das Beste am Spielplatz ist aber der Wald rundherum – viele kleine Trampelpfade laden zum Entdecken, Verstecken, Klettern und kreativen Spielen ein.

Aber auch sonst gibt es im Kürnberger Wald einiges zu erspähen: wunderschöne Spazier- und Wanderwege, eine tolle Aussicht und die Ruinen von gleich drei Burgen, einem römischen Wachturm und vielen anderen alten Bauwerken. Ob ihr wohl einen uralten Schatz entdeckt? Übrigens: Nicht nur jahrhundertealte, sondern auch neue und sehr lebendige Schätze könnt ihr im Kürnberger Wald zur richtigen Zeit finden: leckere Schwammerl und wilde Brombeeren im Sommer und Herbst sowie frischen Bärlauch im Frühling. Lasst es euch schmecken!

TIPP: Wer mehr über die Geschichte dieser Gegend erfahren will, ist im kinderfreundlichen Stadtmuseum Leonding in der Daffingerstraße 55 richtig.

Adresse Parkplatz: Forsthausstraße 72, 4060 Leonding // **Anfahrt** 15 Minuten ab Linz Hauptbahnhof, von Linz kommend auf der Ruffingerstraße durch Leonding fahren, dann rechts in die Schafferstraße, anschließend rechts die steile Forsthausstraße hinauf bis zum Parkplatz, von dort circa 200 Meter zu Fuß durch den Wald // **Öffnungszeiten** immer zugänglich // für jedes Alter // kostenlos

27_DER CROSSCOUNTRY BIKEPARK

Mit automatischer Zeitmessung

Ein ideales Ausflugsziel für Familien mit Kindern unterschiedlichen Alters ist dieser zentral gelegene Park in Lichtenberg, etwa 20 Autominuten von Linz entfernt, denn er hat für alle etwas zu bieten.

Der CrossCountry Bikepark wurde 2016 eingerichtet und war damals laut Mühlviertel TV der erste Bikepark mit WSBI in Österreich. Er scheint auf den ersten Blick nicht sehr groß zu sein, die Wege sind jedoch geschickt angelegt, wodurch sich eine längere Strecke ergibt. Wellen, Steilkurven, eine Unterführung und eine Überführung über die Brücke sorgen für Abwechslung. Eine solarbetriebene Wie-Schnell-Bin-Ich-Anlage (WSBI) misst automatisch die Zeit, die man für einen Durchgang in Fahrtrichtung benötigt. Die Fahrbahn besteht aus Schotter und fester Erde. Das Befahren erfolgt auf eigene Gefahr, die Regeln des Bikeparks sind vorher durchzulesen. Achtung: Mit E-Bikes darf der Park nicht befahren werden. Drei hölzerne Hindernisse neben dem Park sorgen für zusätzlichen Spaß.

Während die größeren Kinder ihr Können im Bikepark testen, können sich kleinere (Geschwister-)Kinder auf dem großen Spielplatz daneben vergnügen. Ausstattung: Sandkiste, Balanciermöglichkeiten, Kletterburg mit Rutsche, Kleinkindschaukel, Korbschaukel, zwei normale Schaukeln, Wipptiere, Wippe.

Auch die frei stehende Kletterwand mit Überhang ist richtig cool und nur selten auf Spielplätzen zu finden. Weiters stehen Free-Gym-Geräte, Reck- und Klimmzugstangen sowie ein Volleyballplatz zur Verfügung.

TIPP: Ebenfalls in Lichtenberg befindet sich der 7,5 Kilometer lange Planetenweg. Beim Gemeindeamt kann gegen eine Gebühr ein zugehöriger Wanderrucksack mit Forscheraufgaben ausgeliehen werden.

Adresse Am Ortsplatz 1, 4040 Lichtenberg // **Öffis** Bus 252 ab Linz Hauptbahnhof bis Lichtenberg bei Linz Gemeindeamt // **Anfahrt** 20 Minuten ab Linz Hauptbahnhof, über A7 Richtung Freistadt und B126 bis Gründbergstraße, links abbiegen auf Pachmayerstraße sowie Derflerstraße, dieser bis Lichtenberg folgen, großer »Parkplatz zum guten Gewissen« vorhanden // **Öffnungszeiten** immer zugänglich // ab etwa 3 Jahre // kostenlos, WC, kinderwagentauglich

28_DIE GISELAWARTE

Wandern, spielen und streicheln über den Wolken

Nichts wie raus aus dem Nebel und der Sonne entgegen! Das ist der Wunsch vieler Linzer, wenn sie den Weg hinauf zur Giselawarte auf 927 Metern über dem Meeresspiegel wählen. Denn selbst wenn Linz im düstersten Nebel versinkt, findet man auf der »Gis« meist strahlenden Sonnenschein. Per Webcam könnt ihr vorher überprüfen, ob oben wirklich die Sonne lacht.

Außerdem erwarten euch am Lichtenberg ein toller Panoramablick und das Gasthaus zur Gis mit Spielplatz und süßen Ziegen und Ponys, die gefüttert und gestreichelt werden dürfen. Auch eine Katze lässt sich manchmal blicken. Auf der Sonnenterrasse lässt sich das leckere Essen wunderbar genießen. Der Topfenstrudel ist legendär.

Bitte nicht die privaten Parkplätze beim Gasthaus benutzen, sondern den Besucherparkplatz. Von dort aus sind es zu Fuß nur 20 nicht kinderwagentaugliche Minuten bis zur Giselawarte, einem unter Denkmalschutz stehenden Turm an der höchsten Stelle des Lichtenbergs. Viele schöne Wanderwege, ein Gipfelkreuz, spannende Kletterfelsen und die wild wachsenden Heidel- und Brombeeren laden Groß und Klein zum Entdecken in freier Natur ein. Die Giselawarte wurde 1856 erbaut und ist 17,5 Meter hoch. Den Schlüssel zur Warte könnt ihr euch während der Öffnungszeiten im Gasthaus zur Gis holen.

Gut zu wissen: Auch im Winter und an Neujahr ist die Gis ein tolles Ausflugsziel. Auf der Wiese vor dem Gasthaus darf sogar gerodelt werden.

Adresse Auf der Gis 1, 4040 Lichtenberg // **Anfahrt** 30 Minuten ab Linz Hauptbahnhof, über A7 Richtung Freistadt, Ausfahrt 13 Richtung Urfahr-Linz, auf B126 bis Harbachsiedlung, links auf Pachmayrstraße/Derflerstraße/Gisstraße, Besucherparkplatz vorhanden // **Öffnungszeiten** Giselawarte: 1. März–30. Nov.; Gasthaus zur Gis: Fr–So, Feiertage 10–20 Uhr // ab 2 Jahre // kostenlos, WC

TIPP: Wer diese wunderbare frische Luft und den schönen Ausblick länger genießen will, der kann im Dr.-Alexander-Brenner-Haus des Turnvereins Linz, etwa 100 Meter von der Giselawarte entfernt, übernachten (Anfragen per E-Mail an brennerhaus@oetb-linz.at).

29_DER KINDER- UND JUGENDBASAR

Wo Kinderträume wahr werden

Eltern wünschen sich für ihre Kinder nur das Beste und würden ihnen am liebsten jeden Wunsch erfüllen. Gleichzeitig wollen viele ihre Kinder aber auch an gute Werte heranführen – die Konsum- und Wegwerfgesellschaft gehört da bestimmt nicht dazu. Eine nachhaltige Alternative ist der Kauf von Kleidung und Spielzeug »aus zweiter Hand«. Das schont Umwelt und Geldbörse und vermittelt Kindern ein achtsames Kaufverhalten. Aber wo einkaufen? Ein guter Tipp ist der bewährte Kindersachenbasar der VS45, der seit 2019 den neuen Namen »Kinder-und Jugendbasar am Bindermichl« trägt.

Der Basar ist toll organisiert und bietet eine riesige Auswahl an Sachen von sehr guter Qualität. Statt einer Unmenge einzelner Stände und Verkäufer findet man hier von freiwilligen Helfern organisierte Tischreihen mit nach Geschlecht und Kleidergröße sortierten Waren. Alles – Kleidung, Spielsachen und mehr – ist mit Preisen beschriftet, mühsames Verhandeln ist nicht nötig. Bezahlt werden kann mit Bargeld; Einkaufstaschen sollte man selbst mitbringen. Mittlerweile ist der Basar so beliebt, dass die Veranstalter nicht nur einen Verein zur Durchführung gegründet haben, sondern 2019 auch in eine größere Halle im Volkshaus Bindermichl umgezogen sind. Der Basar findet zweimal jährlich statt, der gesamte Erlös kommt wohltätigen Organisationen zugute.

Adresse Volkshaus Bindermichl, Uhlandgasse 5, 4020 Linz-Bindermichl, www.fraeulein-wohltat.at; barrierefrei // Öffis Bus 25, Haltestelle Am Bindermichl // Anfahrt Parkplätze vor dem Haus // Öffnungszeiten zweimal jährlich, aktuelle Termine siehe Website // für jedes Alter // Schlechtwettertipp, kostenpflichtig, WC, Wickeltisch, kinderwagentauglich

TIPP: Gleich ums Eck liegt der Landschaftspark Bindermichl-Spallerhof (Bellevuepark). Dort gibt es eine mobile Drehschaukel sowie zwei Kinderspielplätze, einen Jugendbereich mit Kletterpark und einen Skatepark zu entdecken.

30_DER UNIVERSITÄTSPARK

Der Lebkuchenbaum und das schwimmende Café

Der Universitätspark der Johannes Kepler Universität im Norden von Linz ist eine richtige Schatztruhe an Kuriositäten. Der Park hat eine lange Geschichte – er gehörte früher zum Schloss Auhof, das bereits im 14. Jahrhundert das erste Mal urkundlich erwähnt wurde. Vom 17. bis zum 20. Jahrhundert war das Schloss im Besitz der Familie Starhemberg. Schon damals wurden dort exotische Pflanzen und Früchte angebaut. Auch heute noch stehen im Park viele außergewöhnliche und geschützte Bäume wie zum Beispiel die Platanen und der – leider eher kleine – Mammutbaum.

Besonders spannend: der aus Asien stammende Lebkuchenbaum, auch Katsurabaum genannt. Im Herbst, wenn seine Blätter sich in leuchtende Gelb-, Orange- und Rottöne verfärben und abfallen, soll er einen ganz besonderen Duft nach Lebkuchen, Zimt und Karamell verbreiten. Am intensivsten ist der Geruch bei nasskaltem Wetter. Ein anderer Exot ist der als Naturdenkmal geltende Tulpenbaum. Besonders sehenswert ist er in der Blütezeit im Frühling.

Challenge für kleine und große Schnuppernasen: Findet ihr den Lebkuchenbaum? Ein Tipp: Er steht nahe dem einzigen schwimmenden Café von Linz, dem »Teichwerk«. Das außergewöhnliche Ambiente, das kreative, preiswerte Essen, die Kinder-Spielecke und das WC mit Wickeltisch machen es zu einem wunderbaren Ort für Familien. Während ihr euer Essen genießt, könnt ihr die Enten am Teich beobachten. Sehr beliebt ist der Teichwerk-Brunch am Wochenende.

Adresse Altenberger Straße 69, 4040 Linz-Dornach-Auhof, www.jku.at, www.dasteichwerk.at // **Öffis** Straßenbahn 1, 2, Bus 77, Haltestelle JKU Universität // **Anfahrt** A7, Abfahrt Linz-Dornach, dann der Altenberger Straße bis zur Universität folgen // **Öffnungszeiten** Park immer zu besichtigen, Teichwerk Mo–Fr 9–22 Uhr, Sa, So 9–15 Uhr // für jedes Alter // kostenpflichtig, kinderwagentauglich, WC, Wickeltisch

TIPP: Ganz in der Nähe gibt es eine Steinskulptur zu entdecken: das größte Telefon von Linz! So sah das Telefon aus, mit dem eure Großeltern telefoniert haben.

31_DIE TRAUNAUEN

Bärlauchsammeln im abenteuerlichen Auenland

Groß und stark wie ein Bär werden und Überlebenskünste im wilden Wald trainieren? Das könnt ihr im Frühling in den Traunauen bei Ebelsberg. Zwischen den Buntspechten in den Bäumen, den Regenbogenforellen in der Traun und dem gelben Löwenzahn auf den Wiesen findet ihr ihn dort nämlich: den Bärlauch, den wilden Bruder des Knoblauchs. Warum er so heißt, weiß man nicht genau. Eine Theorie besagt, dass er Bären nach ihrem langen Winterschlaf als wichtige Nahrungsquelle dient. Er wächst meist an feuchten, schattigen Standorten und hat von Ende März bis Anfang Mai Saison.

Wenn ihr mit den Öffis anreist, startet ihr euren Sammelspaziergang am besten an der B1-Autobrücke in Ebelsberg. Darunter findet ihr einen asphaltierten Radweg; Fahrrad, Laufrad, Bobbycar, Skateboard und Co. dürfen also gern mit! Wer mit dem Auto kommt, kann entlang dem Panholzerweg parken. Der Radweg führt direkt an der Traun entlang. Erfahrene Späher werden den Bärlauch schon bald entdecken. Für Anfänger ein Tipp: Besucht den Skatepark am Panholzerweg 54 – hier wächst der Bärlauch in rauen Mengen. Achtung: Es besteht Verwechslungsgefahr mit dem giftigen Maiglöckchen! Achtet deshalb auf den typischen Bärlauchgeruch und eine matte Blattunterseite.

Die Beute nehmt ihr mit nach Hause. Wie wäre es mit Bärlauch-Steckerlbrot für's Lagerfeuer, Bärlauch-Dip oder bunten Frischkäsekugeln gerollt in Bärlauch und essbaren Frühlingsblumen? Guten Appetit!

Adresse Panholzerweg, 4030 Linz-Ebelsberg // **Öffis** Straßenbahn 2, Bus 11, 19, Haltestelle Ebelsberg Ort // **Anfahrt** Parkmöglichkeiten entlang dem Panholzerweg // ab 2 Jahre // kostenlos, kinderwagentauglich

TIPP: Sehr leckeres Eis gibt es in der nahen Eisdiele »Surace« in der Wiener Straße 499.

32_DER BAUERNBERGPARK

Der geheime Schatz des Berggeistes

Endlich hatten wir ihn gefunden! Den Berggeist vom Bauernbergpark. Aufgeregt liefen die Kinder hin, um ihn genauer zu bestaunen und die kleinen Höhlen ringsum zu erkunden. Plötzlich erregte etwas unsere Aufmerksamkeit. Was ist denn das? Ein Schatz! Da hatten wir doch tatsächlich einen geheimen Schatz entdeckt. Ob ihr ihn auch findet? Auf einem Zettel in der »Schatzkiste« konnte man sich als Besucher eintragen. Tipp: Nehmt eine Kleinigkeit mit, die ihr für zukünftige Entdecker in der Schatzkiste lassen könnt. Zum Beispiel ein Überraschungsei-Spielzeug, einen Tannenzapfen oder eine wasserfeste Süßigkeit. Dafür könnt ihr euch auch selbst etwas aus der Schatztruhe mitnehmen.

Der Berggeist ist übrigens über 100 Jahre alt. Er wurde 1912 vom Künstler Adolf Wagner von der Mühl geschaffen und ist nicht das einzige spannende Kunstwerk in der 13,5 Hektar (fast 19 Fußballfelder) großen Parkanlage mitten in Linz. Findet ihr auch den Aphroditetempel und den Neptunbrunnen am sogenannten »Balzarekrondeau«, einem schönen Aussichtsbalkon mit Blick über ganz Linz?

Auch ein großer Spielplatz lädt zum Entdecken ein. Mit richtig hoher und steiler Röhrenrutsche für mutige Kinder, einem Stehkarussell, einem Sandspielplatz mit Wasserspielanlage und vielem mehr. Ein öffentliches WC ist in der Nähe. Der Park liegt an einem Hang, es gibt jedoch barrierefreie Schotterwege. Gut zu wissen: Im Winter kann man hier auch rodeln.

Adresse Auf der Gugl, 4020 Linz-Froschberg // **Öffis** Bus 27, Haltestelle Botanischer Garten, von dort 400 Meter Fußweg // **Anfahrt** Parkmöglichkeit entlang der Straße »Auf der Gugl« // **Öffnungszeiten** immer zugänglich // für jedes Alter // kostenfrei, WC, kinderwagentauglich

TIPP: Neben der Landwirtschaftskammer liegt ein weiterer Park mit Teich, wunderschöner Aussicht und einer Magnolienallee – besonders im Frühling ein toller Ort für ein Familienfoto!

33_DER BOTANISCHE GARTEN

Das jährliche Schmetterlingsschlüpfen

Welches Kind liebt sie nicht, die elegant flatternden Schmetterlinge? Sie sind ein eindrucksvolles Beispiel dafür, dass selbst die kühnsten Träume wahr werden können und dass so viel mehr in jedem von uns steckt, als man auf den ersten Blick sehen kann. Denn wenn aus einer dicken, flügellosen, langsam kriechenden Raupe nach vielen Tagen im engen Kokon plötzlich ein zarter, fliegender Schmetterling wird, dann ist das wohl als Wunder der Natur zu bezeichnen.

Dieses Wunder könnt ihr im Botanischen Garten jährlich von Ende November bis Ende Februar erleben. Dann nämlich werden die sorgfältig ausgewählten Schmetterlingskokons im Tropenhaus platziert, wo ihr den Tieren mit viel Glück beim Schlüpfen zusehen könnt. Die größte Chance dazu habt ihr in den Morgen- und Vormittagsstunden. Ein Schmetterling braucht etwa 20 Minuten, bis er sich aus dem Kokon befreit hat. Anschließend bleibt er sitzen, bis sich seine zerknitterten Flügel entfaltet haben. Aber auch wenn ihr keinen Falter beim Schlüpfen erwischt – der Anblick der vielen bereits geschlüpften, umherflatternden Schmetterlinge ist auf jeden Fall einen Besuch wert!

Übrigens gibt es im Botanischen Garten auch sonst viel zu entdecken: riesengroße Kakteen, fleischfressende Pflanzen, lebende Steine, die faszinierende Mimose, die so gar nicht gern gestreichelt wird, Stabschrecken, Laubfrösche, Gottesanbeterinnen und ein tolles Kinder-Kursprogramm.

Adresse Roseggerstraße 20, 4020 Linz-Froschberg; teilweise barrierefrei (Wege separat gekennzeichnet) // Öffis Bus 27, Haltestelle Botanischer Garten // Anfahrt Parkmöglichkeiten entlang der Roseggerstraße // Öffnungszeiten Nov.–Feb. täglich 9–16 Uhr, März–Okt. täglich 9–17 Uhr, Freilandanlagen April–Sept. zusätzlich bis 19 Uhr, für Kinder bis 6 Jahre Eintritt frei // ab 3 Jahre // Schlechtwettertipp, WC, Wickeltisch, kostenpflichtig, kinderwagentauglich

TIPP: Nur 800 Meter vom Botanischen Garten entfernt liegt die Johannes-Kepler-Sternwarte. Dort kann man an öffentlichen Sternführungen teilnehmen (www.sternwarte.at).

34_DIE FRANZ-JOSEF-WARTE

Die 137 gruseligsten Stufen von Linz

Höhenangst sollte man nicht haben, wenn man die 137 Stufen der Franz-Josef-Warte am Freinberg erklimmen will. Scheinbar in der Luft schwebend, winden sich die knarrenden hölzernen Stufen aus dem Jahr 1888 in die Höhe. Traut ihr euch, auf den Turm zu steigen? Die mutigen Abenteurer, die es wagen, werden jedenfalls reich belohnt, denn der atemberaubende Ausblick über die Baumkronen in alle Richtungen hat es in sich! Die Sicht reicht in der einen Richtung bis zu den Alpen und in der anderen Richtung über ganz Linz und Urfahr. Wer von euch hat so scharfe Augen wie ein Adler und findet als Erster alle der folgenden markanten Linzer Bauwerke: Linzer Mariendom, Ars Electronica Center, Pöstlingbergkirche, Nibelungenbrücke, Zoo Linz?

Reingelegt! Den Zoo Linz sieht man meistens nicht, da er hinter den Baumkronen auf der anderen Seite der Donau verborgen liegt – zumindest im Sommer. Wer die Ohren spitzt, kann aber manchmal einen der Esel rufen hören, als würde dieser direkt neben einem stehen.

Die Franz-Josef-Warte liegt in einer schönen, wilden Parkanlage am Freinberg mitten in Linz. Wer gern wandert, kann sie vom Hauptplatz aus über den acht Kilometer langen Stadtwanderweg 1 erreichen. Mit kleineren Kindern empfiehlt sich die Anfahrt mit dem Auto oder dem Bus. Vom Parkplatz aus sind es etwa 15 kinderwagenfreundliche Gehminuten bergaufwärts bis zur Warte, von der Bushaltestelle aus zehn Gehminuten.

Adresse Römerstraße 96, 4020 Linz-Froschberg // **Öffis** Bus 26, Haltestelle Jägermayr // **Anfahrt** nächste Parkmöglichkeit sowie öffentliches WC im Kürnberger Weg 9, von dort circa 1,2 Kilometer bis zur Warte // **Öffnungszeiten** Jän.–März täglich 10–16 Uhr, April, Mai 9–18 Uhr, Juni–Sept. 8–20 Uhr, Okt. 9–17 Uhr, Nov., Dez. 10–16 Uhr // ab circa 2 Jahre // kostenlos, WC, kinderwagentauglich

TIPP: In der Parkanlage liegt etwas versteckt auch ein schöner Waldspielplatz mit Rutsche, Schaukel, Balancierelementen und Basketballkörben.

35_DER HELLO YELLOW PUMPTRACK

Hipper Zeitvertreib im Industrieviertel

Urban, trendy, sportlich: der erste und bisher einzige Pumptrack in Linz! Ihr findet ihn gleich hinter dem Cineplexx, vor der beeindruckenden Kulisse des Industrieviertels. Ideal für begeisterte Skateboarder, Mountainbiker und Rollerfahrer, aber auch für kleinere Kinder spannend – zum Ausprobieren genauso wie zum Zusehen und Staunen!

Aber was ist ein Pumptrack eigentlich? Ein Pumptrack ist eine speziell für diesen Zweck geschaffene Fahrstrecke, die oftmals Wellen, Sprünge und Steilwandkurven beinhaltet. In der Asphalt-Ausführung kann sie mit dem Mountainbike, Skateboard, Roller oder auch mit dem Laufrad befahren werden. Ziel ist es, den Track, also den Fahrweg, möglichst ohne Treten oder Anschieben zu meistern. Die Geschwindigkeit wird stattdessen durch »Pumpbewegungen«, also das Hochdrücken und In-die-Knie-Gehen beim Fahren, generiert.

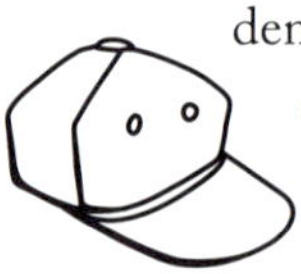

Der hochwertige Pumptrack inklusive Flüsterbeton und Flutlichtern wurde 2019 als Werksportanlage von der Firma Schachermayer für Mitarbeiter und deren Gäste zur freien Benutzung errichtet. Ein tolles Beispiel dafür, wie sich Unternehmen positiv für ihre Stadt einsetzen können. Er kann ohne Altersbeschränkung befahren werden. Mitzubringen sind das eigene Fahrzeug sowie die passende Schutzausrüstung. Auch an ausreichend Parkplätze sowie schattenspendende Bäume wurde gedacht.

Lustig: Wenn ihr um 13 Uhr am Pumptrack fahrt, könnt ihr euch später unter www.bergfex.at am Webcam-Bild betrachten.

TIPP: Das Cineplexx liegt gleich neben dem Pumptrack. Perfekt für einen gemütlichen Ausklang des Familienausflugs! Mit der »Family Film Club«-Karte bekommt ihr bei jedem Kinobesuch eine Gratispackung Popcorn.

Adresse Prinz-Eugen-Straße 30, 4020 Linz-Industriegebiet-Hafen // **Öffis** Bus 12, 17, 19, 25, Haltestelle Linz/Donau Industriezeile // **Anfahrt** Parkplätze rund um den Pumptrack vorhanden // **Öffnungszeiten** immer zugänglich // ab 2 Jahre // kostenlos, kinderwagentauglich

36_DIE MURAL HARBOR GALLERY

Spray dein eigenes Graffito an die Wand!

Habt ihr schon einmal ein eigenes Graffito an eine Wand gesprüht? Nein? Kein Wunder, denn an den meisten öffentlichen Außenwänden ist das illegal. Nicht aber hier – bei einer Führung durch Europas größte Graffiti- und Muralismo-Galerie am Linzer Hafen dürft ihr das Graffiti-Sprayen selbst ausprobieren. Mit den Tipps und Tricks der freundlichen Guides bringen auch Unerfahrene oder weniger Talentierte ein Graffito zustande, auf das sie stolz sein können.

Die Führungen können über die Website gebucht werden. Sie finden sogar bei Regenwetter statt – Regenschirme stehen bereit. Neben der Mural Walk Tour mit oder ohne Graffiti-Crashkurs werden auch eine Bootstour und Workshops angeboten, bei denen ihr die Graffiti-Kunst erlernen könnt.

Im ersten Teil der Mural Walk Tour spaziert ihr etwa 45 Minuten durch den Linzer Hafen. Dabei steht ihr Promis von Angesicht zu Angesicht gegenüber, lauft an der größten Ketchup-Flasche von Linz vorbei und erfahrt Faszinierendes über die Murals und ihre (Entstehungs-)Geschichten. Künstler und Künstlerinnen aus 35 Nationen haben sich hier bereits verewigt. Das größte Bild ist über 600 Quadratmeter groß. Ratet mal, wie viele Spraydosen für das Bild notwendig waren? Die Antwort erfahrt ihr auf der Tour. Viel Spaß!

Gut zu wissen: Das Gelände des Linzer Hafens ist Privatgelände und sollte ohne Guide nicht betreten werden.

Adresse Industriezeile 40, 4020 Linz-Industriegebiet-Hafen, www.muralharbor.at // Öffis Bus 27, 70, 71, Haltestelle Posthofstraße; Bus 46, Haltestelle Hafen // Anfahrt Parkplätze vorhanden // Öffnungszeiten Touren Fr und Sa, bitte vorab reservieren // ab 6 Jahre // Schlechtwettertipp, WC, kostenpflichtig

TIPP: Drei Haltestellen und zehn Minuten Fußweg entfernt liegt der Zivilflugplatz Linz-Ost. Dort könnt ihr von April bis Oktober freitags bis sonntags Segel- und Motorfliegern beim Starten und Landen zusehen. Segelflug-Interessierte ab 15 Jahren können sogar einen Schnupperflug mit einem Piloten vereinbaren (www.segelfliegen-linz.org).

37_DIE VOESTALPINE STAHLWELT

Der heißeste Ofen der Stadt

Bis zu 2.200 Grad Celsius hat es in den drei Hochöfen der voestalpine am Standort Linz – zweifellos der heißeste Ort der Stadt! Die Arbeiter, die die Hochöfen überwachen, sind mit speziellen Schutzanzügen ausgerüstet. Trotzdem ist ihre Arbeit enorm anstrengend für den Kreislauf. Sie brauchen richtig viel Durchhaltevermögen – ein Job für echte Helden!

Jeden ersten Samstag im Monat gibt es eine spezielle Familienführung durch die voestalpine Stahlwelt. Gut geeignet ist sie für wissbegierige Kinder ab sechs Jahren. Per coolem Headset erfahrt ihr alles über Stahl: von seiner Geschichte über seine Herstellung und Verarbeitung bis hin zu den aus ihm gefertigten Erfolgsprodukten. Außerdem dürft ihr einen echten Ritterhelm anprobieren und in die Rolle eines Astronauten schlüpfen. Challenge: Seid ihr stark genug, um das sagenumwobene Schwert »Excalibur« aus dem Stein zu ziehen?

Bei der eineinhalb Stunden langen Werkstour dürft ihr anschließend per Bus und zu Fuß das Werksgelände besichtigen. Dabei erfahrt ihr allerlei spannende Fakten rund um den flächenmäßig größten Betrieb in Linz. Woraus besteht die weiße Wolke, die man schon aus der Ferne aufsteigen sieht? Und warum liegt in der voestalpine manchmal Schnee, in Linz aber nicht? Was ist eine »Ofensau«, und was hat es mit dem »Toten Mann« auf sich? Findet es heraus!

Gut zu wissen: Für den Ausflug solltet ihr etwa drei Stunden einplanen und am besten festes Schuhwerk anziehen.

TIPP: Im Sommer ist der Besuch der Stahlwelt gut kombinierbar mit einer Tour mit der fast 100 Jahre alten und 300 Pferdestärken starken »Dora Dampflok«. Fahrten finden jeden Samstag im August statt, bitte zuvor per E-Mail Plätze reservieren (anmeldung.stahlwelt@voestalpine.com).

Adresse voestalpine-Straße 4, 4020 Linz-Industriegebiet-Hafen; barrierefrei // **Öffis** Bus 25, Haltestelle Betriebsgebäude (BG) 41 // **Anfahrt** Besucherparkplatz vorhanden // **Öffnungszeiten** Mo – Sa 9 – 17 Uhr // ab 6 Jahre // Schlechtwettertipp, kostenpflichtig, WC, kinderwagentauglich

38_DIE ALTSTADT MÄRCHENZEIT

Ein wirklich märchenhaftes Freilufttheater

Jeden Sommer sieht man einmal monatlich am Freitag zahlreiche Kinder mit ihren Eltern zielstrebig durch die Linzer Altstadt wandern. Wohin wollen sie denn alle nur? Ganz klar: zur Altstadt Märchenzeit!

Die Altstadt Märchenzeit ist eine wunderbare Initiative des Vereins »Altstadt neu« in Kooperation mit dem Kinderkulturzentrum Linz. Das Außergewöhnliche daran: Ganz nach dem Motto »Besondere Geschichten in einem besonderen Ambiente« finden die Vorstellungen unter freiem Himmel mitten in der Altstadt statt. Außerdem sind die Vorstellungen gratis! Gespielt werden die Stücke von den Profis vom Kuddelmuddel Kinderkulturzentrum. Die Kinder dürfen sich auf Sitzkissen am Boden ganz nah an die improvisierte Bühne setzen, während für die Eltern Stühle bereitstehen. Auch an eine WC-Möglichkeit wurde gedacht. Übrigens wird hier bei jeder Witterung Theater gespielt. Falls es regnet, finden die Aufführungen im selben Haus im Durchgang statt.

Insgesamt gibt es fünf Vorstellungen – von Mai bis September jeden ersten Freitagnachmittag im Monat. Auf der Website könnt ihr herausfinden, welches Stück wann gespielt wird und für welches Alter es geeignet ist. Die meisten Stücke dauern etwa 45 Minuten. Wichtig: Die Theateraufführungen sind zwar gratis, Tickets sind aber trotzdem notwendig. Bitte vorab online buchen, es gibt keine Abendkassa. Einlass ab 15 Minuten vor Spielbeginn. Viel Spaß beim Zusehen!

Adresse Innenhof des Hauses Altstadt 13, 4020 Linz-Innere Stadt, www.altstadt-linz.at // **Öffis** Straßenbahn 1–4, Haltestelle Hauptplatz, von dort 200 Meter Fußweg // **Anfahrt** Tiefgarage Promenade Linz, Kurzparkzone außerhalb der Altstadt // **Öffnungszeiten** Mai–Sept. jeden 1. Fr im Monat // ab 3 Jahre // kostenlos, WC, kinderwagentauglich, Schlechtwettertipp

TIPP: Im Dezember findet jedes Jahr der lustige »Altstadt Nikolauf« statt, bei dem viele hundert verkleidete Nikoläuse für den guten Zweck durch die Altstadt spazieren. Kinder unter zehn Jahren dürfen gratis mitmachen und bekommen eine Mütze und ein Nikolaussackerl geschenkt.

39_DAS AMT DER LANDESREGIERUNG

Rolltreppen-Spaß mit besonderem Ausblick

Rolltreppen üben eine unübersehbare Anziehungskraft auf Kinder aus. Welches Kind liebt sie nicht? Direkt am Linzer Hauptbahnhof und damit mit Öffis super erreichbar liegt das Gebäude der Oberösterreichischen Landesregierung (Landesdienstleistungszentrum). Davor befinden sich drei große Rolltreppen, outdoor und mit Glas überdacht und damit bei jedem Wetter zugänglich.

Perfekt für endlosen Rolltreppenspaß rauf und runter mit besonderem »Promi-Feeling«, denn diese Rolltreppen werden regelmäßig vom »Who's who« der oberösterreichischen Bundespolitik genutzt.

Auch der Ausblick kann sich sehen lassen: Gegenüber liegt der Terminal Tower, bis vor Kurzem noch das höchste Gebäude von Linz. Er ist 98,5 Meter hoch, wird seit 2021 aber vom zehn Zentimeter höheren Bruckner Tower übertrumpft. Der Triumph wird jedoch voraussichtlich nicht lange anhalten, denn am Gelände der ehemaligen Tabakfabrik ist bereits ein noch höheres Gebäude in Planung: Der Quadrill Tower soll 109 Meter hoch werden.

Ein Geheimtipp für stillende Mütter ist der öffentliche Stillraum mit gemütlichem Stillsessel und einem Wickeltisch mit Heizstrahler im Landesdienstleistungszentrum. Er kann zu den Öffnungszeiten jederzeit benützt werden. Dazu einfach durch die Kontrolle im Eingang gehen und anschließend rechts bei der Info um den Schlüssel bitten.

TIPP: Vor dem Eingang des Hauptbahnhofes gibt es zwei große steinerne Löwen zu entdecken, jeder 4,5 Tonnen schwer. Sie haben sich zu einem regelrechten Wahrzeichen von Linz entwickelt, sind zugleich jedoch auch ein Mahnmal, da sie im Auftrag der Nationalsozialisten geschaffen wurden.

Adresse Bahnhofplatz 1, 4020 Linz-Innere Stadt; barrierefrei (Lift vorhanden) // **Öffis** Straßenbahn 1–4, Haltestelle Hauptbahnhof;
Bus 12, 19, 17, 27, 45, 46, 70, 71, 73, 77, Haltestelle Hauptbahnhof // **Anfahrt** Parkgarage Bahnhof, Parkgarage Wissensturm // **Öffnungszeiten** nur von außen zu besichtigen // ab 2 Jahre // Schlechtwettertipp, kostenlos, WC, Wickeltisch, kinderwagentauglich

40_DIE BÄCKEREI BRANDL

Die erste gläserne Schaubäckerei Österreichs

Wie bekommen Mohnflesserl eigentlich ihre typische Form? Wird der Teig in Bäckereien heutzutage immer noch per Hand geknetet? Und wie kommt eigentlich die Schokolade ins Croissant? In der Bäckerei Brandl reichen sich Genuss und kindliche Neugierde die Hand. Hier könnt ihr ein herzhaftes Frühstück oder eine kleine Leckerei genießen und gleichzeitig durch eine Glaswand die Bäcker bei ihrer Arbeit beobachten. Die »Schau-Bäcker« sind meist morgens bis zum frühen Nachmittag da, am besten plant man den Besuch also vor 14 Uhr ein. Kinderhochstühle sind vorhanden, für das »Guckfenster« aber zu niedrig. Kinder sollten also schon sicher auf dem Barhocker sitzen können.

Die Traditionsbäckerei Brandl ist wohl eine der ältesten Bäckereien in Linz. 1891 wurde sie gegründet und ist seitdem ein richtiger Familienbetrieb – mittlerweile bereits in der vierten Generation! 2006 eröffnete Brandl die »erste gläserne Schaubackstube Österreichs«. Neben Brot und Gebäck werden hier auch Backkurse angeboten. Tipp für Kindergärten und Schulen: Für Gruppen von zehn bis 24 Kindern werden spezielle Kinderbackkurse angeboten – einfach auf der Website um einen Termin anfragen.

Die Bäckerei Brandl ist bekannt für Qualität und Handwerkskunst. Sie gehört zu den wenigen Bäckereien, die ohne Fertigmischungen arbeiten und verwendet nur regionale Zutaten. 2020 wurde sie sogar unter die Top Ten Österreichs gewählt – nämlich im jährlichen Delikatessenguide des Feinschmecker-Magazins »A la Carte«.

Adresse Bismarckstraße 6, 4020 Linz-Innere Stadt, www.baeckerei-brandl.at; barrierefrei // Öffis Straßenbahn 1–4, Haltestelle Bürgerstraße; Bus 41, 43, Haltestelle Hessenplatz // Anfahrt Parkmöglichkeiten in den Straßen rund um den Hessenplatz, Parkgarage Hessenplatz, Parkgarage Landstraße // Öffnungszeiten Mo–Fr 5.30–18 Uhr, Sa 5.30–12 Uhr // ab circa 2 Jahre // Schlechtwettertipp, WC, Kinderhochstühle, kostenpflichtig

TIPP: Am 150 Meter entfernten Martin-Luther-Platz gibt es zu jeder Jahreszeit viele Tauben zu beobachten.

41_DIE BÄCKEREI WINKLER

Gemütlich frühstücken dank Kleinkind-Spielecke

Viele Baby- und Kleinkindmütter träumen davon, endlich wieder einmal mit einer Freundin auf einen Kaffee zu gehen und in Ruhe plaudern zu können. Doch das ist nur dort möglich, wo Kinder wirklich willkommen sind, denn sie sind eben kleine Entdecker – sie wollen spielen und sich bewegen, nicht still sitzen.

In der Bäckerei Johann's by Winkler im Zentrum von Linz hat man ein Herz für Kinder und Verständnis für den Entdeckerdrang der Kleinen. Im ersten Stock der modern eingerichteten Bäckerei gibt es eine kleine Spielecke, die extra für die jüngsten Gäste reserviert ist. Eine Spielküche, ein Puppenhaus, Spielzeugautos, ein gemütlicher Kinder-Lesesessel und einige Bücher laden zum Spielen ein. So können Mama oder Papa entspannt ihr leckeres Frühstück oder eine heiße Tasse Kaffee genießen. Für die Kinder gibt es Kinderhochstühle und ein eigenes »Kinder-Frühstück« mit Kipferl, Butter, Nutella und heißem Kakao.

Die Räumlichkeiten der Bäckerei sind barrierefrei zugänglich, mit dem Lift kommt man auch mit Kinderwagen oder Rollstuhl überallhin. Ein WC mit Wickeltisch findet ihr im Untergeschoss.

Die Bäckerei Winkler ist ein regionales, familiengeführtes Unternehmen mit langer Tradition. 1898 in Mauthausen gegründet, umfasst es heute zwölf Filialen, viele davon mit Kinderspielbereich. Die leckeren Süßspeisen in der Vitrine werden auch heute noch nach den bewährten Rezepten von »Opa Johann und Oma Milli« gebacken und sind frei von künstlichen Zusätzen.

TIPP: Fast genau gegenüber liegt das Spielwarengeschäft Ed Zechel, mit über 100-jähriger Geschichte ein echtes Linzer Urgestein. Dort könnt ihr auf zwei Knöpfe drücken und damit die Eisenbahn eine Runde fahren lassen.

Adresse Landstraße 27, 4020 Linz-Innere Stadt; barrierefrei // Öffis Straßenbahn 1–4, Haltestelle Taubenmarkt oder Goethekreuzung // Anfahrt Parkmöglichkeiten in der Kurzparkzone oder in den Parkgaragen »City Parkhaus« und »Garage im Zentrum«, ab einem Einkaufswert von 15 Euro in der Passage 1 Stunde gratis // Öffnungszeiten Mo–Fr 6.30–19 Uhr, Sa, So, Feiertage 7.30–18 Uhr, Juli, Aug. So und Feiertage bis 14 Uhr // ab Kleinkindalter // Schlechtwettertipp, WC, Wickeltisch, kostenpflichtig, kinderwagentauglich

42_DIE BRÜCKE BEIM LANDHAUS

Lauf über eine historische Ausgrabungsstelle!

Eigentlich sollte unter dem Gelände der Landhaus-Promenade nur eine Tiefgarage gebaut werden. Doch dann die Überraschung: Direkt vor dem Tor des Landhauses fand man unter der Erde eine alte Steinbrücke. Recherchen ergaben, dass sie im Jahr 1769 erbaut wurde. Sie ist also über 200 Jahre alt! Doch warum errichtete man dort eine Brücke, wenn weit und breit kein Wasser zu finden ist? Ein spannendes Rätsel für kleine und große Forscher. Erratet ihr den Grund?

Hier die Auflösung: Früher befand sich an dieser Stelle ein Stadtgraben, der vor Angreifern schützen sollte. Deshalb auch der Straßenname »Am Graben«. Den Stadtgraben konnte man mit Hilfe dieser Brücke überqueren. Hinter dem Graben lag die Stadtmauer, die den damaligen Stadtkern schützte. Sie war etwa 1,5 Kilometer lang, verlief im Süden und Osten entlang der heutigen Straße »Am Graben« und umfasste im Westen das Linzer Schloss. Im Norden des Stadtkerns gab es keine Stadtmauer, da die Donau eine natürliche Grenze bildete.

Das Landhaus selbst wurde im 16. Jahrhundert erbaut und ist heute der Sitz des Oberösterreichischen Landtags. Dessen Sitzungen sind übrigens öffentlich zugänglich – hier kannst du miterleben, wie in Oberösterreich Politik gemacht wird!

Praktisch für stillende Mamas: Beim Eingang Klosterstraße gibt es einen öffentlichen Wickel- und Stillraum.

Adresse Landhausplatz 1, 4020 Linz-Innere Stadt, www.ooe-landtag.at (Kinder-Broschüre zum Landtag gratis zum Herunterladen); barrierefrei // **Öffis** Straßenbahn 1–4, Haltestelle Taubenmarkt; Bus 46, 47, Haltestelle Taubenmarkt // **Anfahrt** Kurzparkzone oder Parkgarage Promenade Linz // **Öffnungszeiten** Brücke jederzeit zu besichtigen; Stillraum im Landhaus Mo, Di, Do 7.30–17 Uhr, Mi 7.30–14 Uhr, Fr 7.30–13 Uhr; Führungen nur für Gruppen // ab circa 6 Jahre // WC, Wickelraum, Stillraum, kostenlos, kinderwagentauglich

TIPP: Direkt vor dem Landhaus findet ihr eine Metallsäule mit zwei verführerischen Knöpfen auf Kinderhöhe, die einen Wasser-Sprühnebel auslösen. Ideal für heiße Tage! Aus dem richtigen Winkel betrachtet könnt ihr im Sprühnebel sogar einen Regenbogen sehen.

43_DAS CAFÉ RESCH & FRISCH

Wo man der Straßenbahn in den Kopf schauen kann

Habt ihr schon einmal einer Straßenbahn in den »Kopf« geschaut? Nein? Dann wird es höchste Zeit! Denn was kaum jemand weiß: Straßenbahnen haben oben nicht einfach ein geschlossenes Dach wie ein Auto, sondern gewähren einen überraschenden Einblick in ihr verkabeltes »Gehirn«. Im Bäckerei-Café Resch&Frisch an der Landstraße können Eltern und Kinder einen leckeren Kakao genießen und dabei vom Panoramafenster im ersten Stock aus (kein Lift vorhanden) einen Blick von oben in die vorbeifahrenden »Bims«, wie sie in Linz genannt werden, werfen.

Woher kommt eigentlich der Spitzname »Bim«? Laut Duden vom typischen »bimmelnden« Warngeläut der Straßenbahn. Die Bim gibt es in Linz übrigens seit dem Jahr 1880. Damals wurden die Straßenbahnen allerdings noch von echten Pferden gezogen. 1897 wurde auf Strom umgestellt – und Weltgeschichte geschrieben. Denn in diesem Jahr wurde auch eine Bergbahn errichtet, die damals die steilste Adhäsionsbahn der Welt war (siehe Ort 72). Die erste elektrische Straßenbahn fuhr mit 18 Kilometern pro Stunde durch Linz. Die heutigen Modelle der Linzer Straßenbahnen hingegen schaffen Geschwindigkeiten von bis zu 70 Kilometern pro Stunde. Sie heißen »Cityrunner«, haben eine Motorleistung von über 800 Pferdestärken und wurden von der Firma Bombardier Transportation Austria (BTA) hergestellt.

Wie wird man eigentlich Straßenbahnfahrer? In Linz ist dafür eine spezifische mehrwöchige Ausbildung bei der Linz AG notwendig, die ab 21 Jahren gemacht werden kann.

Adresse Landstraße 70, 4020 Linz-Innere Stadt, www.resch-frisch.com // Öffis Straßenbahn 1–4, Haltestelle Bürgerstraße // Anfahrt Parkgarage Landstraße (Bismarckstraße 3) // Öffnungszeiten Mo–Fr 6–18 Uhr, Sa 7–17 Uhr, So und Feiertage 7.30–17 Uhr // ab 1 Jahr // Schlechtwettertipp, WC, kostenpflichtig

TIPP: In der Goethestraße 7 findet ihr ein Geschäft namens »Natürlich Baby«. Dort gibt es nicht nur ökologische und faire Kleidung und eine kleine Spiel- und Stillecke, sondern auch ausgebildete Trageberater, die euch bei der Wahl einer guten Babytrage unterstützen.

44_DER CITY EXPRESS LINZ

Linz entdecken mit dem gelben »Bummelzug«

Überall, wo der City Express vorbeifährt, sieht man Kinder fasziniert und mit großen Augen stehen bleiben. Mit seiner knallgelben Farbe und der schönen Dampflok-Optik prägt er seit vielen Jahren das Linzer Stadtbild – bestimmt kennt ihr ihn. Aber seid ihr auch schon einmal damit gefahren? Nein? Na, dann wird's höchste Zeit! Die Stadtrundfahrt ist nämlich nicht nur für Touristen interessant, auch als Einheimische werdet ihr noch so manch Neues erfahren. Ein zusätzlicher Pluspunkt: Der Bummelzug fährt bei fast jedem Wetter und hat beheizte Waggons – also ein ideales Schlechtwetterprogramm.

Startpunkt der Stadtrundfahrten ist der Linzer Hauptplatz, wo ihr am Kiosk Fahrkarten kaufen könnt. Mitfahren dürfen Kinder jeden Alters, Kinder unter drei Jahren fahren gratis. Falls ihr einen Kinderwagen dabeihabt, könnt ihr ihn beim freundlichen Personal im Kiosk abstellen. Ein öffentliches WC findet ihr in der Nähe beim alten Rathaus.

Dann heißt es auch schon »Bitte Platz nehmen!«, und die Fahrt kann beginnen. Für Familien ist die »Linz Classic Tour« zu empfehlen, die anderen Touren sind nur für Gruppen buchbar. Die Linz Classic Tour fährt nach einem fixen Fahrplan, eine Rundfahrt dauert etwa 25 Minuten. Während ihr Fahrt und Ausblick genießt, erfahrt ihr über den Lautsprecher und den Infoscreen allerlei Wissenswertes über Linz. Viel Spaß!

Adresse Hauptplatz 30, 4020 Linz-Innere Stadt, www.geigers.at // Öffis Straßenbahn 1–4, Haltestelle Hauptplatz // Anfahrt Kurzparkzone Alter Dom, Parkgarage Hauptplatz Tiefgarage // Öffnungszeiten saisonal unterschiedlich (siehe Website), Abfahrt stündlich ab 3 Personen, bei Bedarf auch halbstündlich ab 6 Personen // für jedes Alter // Schlechtwettertipp, kostenpflichtig, WC

TIPP: Holt euch nach eurer Rundfahrt ein Eis oder einen Bubble Tea und lauscht dem berühmten Linzer Glockenspiel. Es läutet täglich um 11.03 Uhr, 14.03 Uhr und 17.03 Uhr und spielt je nach Jahreszeit verschiedene Melodien. Erkennt ihr die Melodie?

45_DER DENNS BIOMARKT

Das kleine Bistro mit den bunten Wandspielen

Mitten in Linz und bestens erreichbar mit der Straßenbahn liegt der Denns BioMarkt. Neben einer großen Auswahl an Bio-Produkten gibt es dort auch ein kleines, aber feines Bistro mit Kinderspielecke. Nur drei Tische stehen in diesem Bereich, wodurch der Lärmpegel angenehm niedrig bleibt. Perfekt für einen entspannten Besuch mit kleinen Kindern!

Die hochwertigen Spielmöglichkeiten bestehen durchwegs aus hölzernen Wandspielen. Ein tolles Beispiel dafür, wie einfach ein Restaurant eine Beschäftigungsmöglichkeit für Kinder anbieten kann, denn die Wandspiele brauchen wenig Platz, sind so gut wie unkaputtbar und müssen nicht aufgeräumt werden – was wiederum auch für die Eltern praktisch ist. Die große Glaswand mit Sicht auf die Landstraße sorgt ebenfalls für Unterhaltung. Hier können die Kinder die vorbeifahrenden Bims sicher und doch ganz aus der Nähe beobachten. Kleinkindsessel sind vorhanden.

Im Bistro werden Mehlspeisen, Gebäck, Frühstück, Snacks und ein täglich wechselndes Mittagsmenü angeboten – natürlich alles bio. Auch vegetarische, vegane, laktosefreie und glutenfreie Gerichte stehen auf der Karte.

Ein weiterer Grund, dieses Bistro durch einen Besuch zu unterstützen: Denns ist Mitglied im »Verein für eine enkeltaugliche Umwelt«. Dieser engagiert sich für einen nachhaltigen Umgang mit unserer Umwelt – unseren Kindern und Enkelkindern zuliebe. Ein entspannter Genuss mit gutem Gewissen!

TIPP: Das Geschäft »Kinderkram« liegt nur einen kurzen Spaziergang entfernt in der Volksgartenstraße 28. Dort findet ihr ökologisch und fair produzierte Kinderspielsachen sowie alles, was für entspanntes Shoppen mit Kind notwendig ist: eine Spielecke, einen Wickeltisch, einen Stillbereich und eine Aufwärmmöglichkeit für Babynahrung.

Adresse Landstraße 111, 4020 Linz-Innere Stadt; barrierefrei // **Öffis** Straßenbahn 1–4, Bus 12, 17, 19, Haltestelle Goethekreuzung // **Anfahrt** Parkgarage Musiktheater // **Öffnungszeiten** Mo–Fr 8–19 Uhr, Sa 8–18 Uhr // ab 0 Jahre // Schlechtwettertipp, WC, Wickeltisch, Kleinkindsessel, kinderwagenfreundlich, kostenpflichtig

46_DER DONAURADWEG

Auf dem Drahtesel die Natur entdecken

Mit seiner Lage an mehreren großen Flüssen ist Linz der perfekte Ort für kleine und große Radtouren mit der Familie. Warum? Weil die gut ausgebauten Radwege entlang der Flüsse fast immer flach verlaufen, kaum von anderen Straßen gekreuzt werden und mitten durch wunderschöne Natur führen. Eine tolle Tour für Beginner ist der Donauradweg vom Neuen Rathaus in Linz bis zum Pleschinger See. Diese Strecke ist in eine Richtung fünf Kilometer lang, verläuft ausschließlich auf Radwegen und führt an dem großen Spielplatz am Damm vorbei. Außerdem sind am Anfangs- und Zielort sowohl WC als auch Verköstigungsmöglichkeiten vorhanden. Im Neuen Rathaus könnt ihr sogar gratis Kinderanhänger ausleihen. Die Leihdauer beträgt eine Woche, der Radanhänger bietet Platz für zwei Kinder.

Geübte Familien mit größeren Kindern können einen weiteren Weg wagen und beispielsweise vom Neuen Rathaus bis zu den etwa 20 Kilometer entfernten Feldkirchner Seen fahren.

Für Familien im Linzer Süden hingegen bietet sich der Traunradweg R4 an. Eine gute Anfängerroute ist die Strecke von Linz-Ebelsberg zum fünf Kilometer entfernten Weikerlsee oder alternativ zum zehn Kilometer entfernten Ausee. Auch ein schönes Ausflugsziel: der Motorikpark Ansfelden (siehe Ort 7). Ihr erreicht ihn von Linz-Schörgenhub aus über den Traunradweg R4 und den Kremstalradweg R10 nach etwa neun Kilometern.

TIPP: Beim »Radhaus für viele Leute« am Pfarrplatz 4 stehen zwei ganz besondere Tandemräder zum Ausleihen bereit. Auf dem »Fun2go« kann man nebeneinanderfahren – es ist auch für Personen mit Beeinträchtigungen geeignet.

Adresse Neues Rathaus, Hauptstraße 1–5, 4041 Linz-Innere Stadt; Infos zum Radverleih unter www.linztourismus.at, Radwegkarten unter www.radlkarte.at/#linz und www.oberoesterreich.at // für jedes Alter // kostenlos

47_DER EIS-GREISSLER

Das beste Eis von Linz

Das beste Eis von Linz gibt es laut Falstaff-Umfrage von 2019 beim Eis-Greissler Spittelwies unweit der beliebten Flanier- und Einkaufsstrecke »Landstraße«. Habt ihr schon einmal ein Eis gegessen, das nach Linzer Torte schmeckt, oder eines mit Ziegenkäse und Salzkaramell probiert? Beim Eis-Greissler in der Spittelwies könnt ihr das machen! Im ständig wechselnden Sortiment finden sich immer wieder neue, spannende Kreationen. Welche Eissorten aktuell erhältlich sind, könnt ihr auf der Website nachlesen.

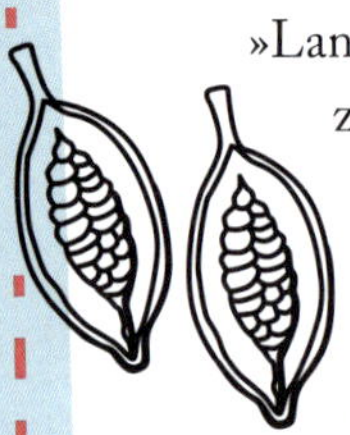

Aber nicht nur Gourmet-Abenteurer, sondern auch kleine Kinder und Laktose-Verzichter kommen hier auf ihre Kosten – oder sollte man besser sagen »auf ihre Geschmacksknospen«? Denn neben außergewöhnlichen Sorten findet ihr hier auch Veganer-Eis ohne Milch und zuckerreduziertes Eis. Ideal für Eltern, die ihrem Kleinkind ein Eiserlebnis gönnen wollen, aber auf zuckerreduzierte Kost achten.

In der Eis-Greisslerei werden bewusst regionale Zutaten wie heimisches Obst und regional produzierte Milch verwendet. Das Eis gibt es übrigens auch in praktischen Kühlboxen zum Mitnehmen.

Mit Kindern braucht man nach dem Eisgenuss häufig ein Waschbecken. Praktischerweise liegt der Eingang zum Einkaufscenter »Linzerie« (ehemalige Arkade) direkt neben der Eis-Greisslerei. Das WC mit Wickeltisch ist im Untergeschoss untergebracht, in der Nähe des Spezialitätenladens »Il Gusto«. Außerdem kann man dort im gemütlichen öffentlichen »Kindernest« ausruhen und verweilen.

Adresse Spittelwiese 2, 4020 Linz-Innere Stadt; barrierefrei // **Öffis** Straßenbahn 1–4, Haltestelle Taubenmarkt // **Anfahrt** City Parkgarage // **Öffnungszeiten** saisonal unterschiedlich, aktuelle Öffnungszeiten unter www.eis-greissler.at/unsere-laeden/linz // ab 1 Jahr // kostenpflichtig, kinderwagentauglich, WC, Wickeltisch

TIPP: Rückzugsorte zum Wickeln, Stillen und Verschnaufen sind wertvoll, wenn man mit kleinen Kindern unterwegs ist. Genau so ein Ort ist auch in der Passage im Untergeschoss zu finden.

48_DAS JUNGE BRUCKNERHAUS

Kinder-Musiktheater vom Feinsten

Linz ist wunderbar reich an Theaterangeboten für Kinder. Es lohnt sich, die verschiedenen Angebote einmal auszuprobieren. Neben dem »Jungen Theater« vom Landestheater Linz, den Aufführungen im Maestro, dem Kinderkulturzentrum, dem Linzer Puppentheater sowie dem Theater des Kindes ist das Junge Brucknerhaus besonders zu empfehlen.

Es bietet preiswerte Kinderprogramme für Kinder von drei bis zehn Jahren an. Mini.Music für Kinder ab drei, Midi.Music für Kinder ab sechs, Spielraum für Kinder ab vier und Antons Kidsclub für Kinder zwischen vier und zehn Jahren. Theater, Musik, Einblicke in die Licht- und Tontechnik, musikalische Spaziergänge durch Linz – aufgrund der großen Vielfalt ist bestimmt für jeden Geschmack etwas dabei. Zusätzlich werden Familienführungen durch das Brucknerhaus angeboten.

In den Theateraufführungen von Mini.Music lernen Kinder ab drei Jahren spielerisch verschiedene Instrumente kennen – gespielt von echten Profis. Das schult das Gehör und macht neugierig auf das Erlernen von Musikinstrumenten. Nicht nur für Kinder ein Hörgenuss! Besonders bemerkenswert ist, dass die Länge des jeweiligen Stücks wirklich auf Kinder dieses Alters abgestimmt wird. Die Aufführungen sind als Fortsetzungsgeschichte aufgebaut. Neben Einzeltickets gibt es auch Abos für die ganze Saison, also vier Vorstellungen. Praktisch: Die Abos sind auf andere Personen übertragbar. So können auch Oma oder Opa einmal eine Vorführung mit dem Kind besuchen.

TIPP: Wie wäre es anschließend mit einem gemütlichen Spaziergang an der frischen Luft? Das Brucknerhaus liegt direkt an der Donaulände – Spielplätze und Schiffe zum Beobachten inklusive.

Adresse Untere Donaulände 7, 4010 Linz-Innere Stadt, www.brucknerhaus.at // **Öffis** Bus 26, Haltestelle Brucknerhaus; Bus 12, 25, Haltestelle Parkbad; Straßenbahn 1–4, 50, Haltestelle Hauptplatz, von dort 1 Kilometer Fußweg // **Anfahrt** Parkmöglichkeiten in der Kurzparkzone entlang der Donaulände sowie in der Parkgarage beim Parkbad // **Öffnungszeiten** siehe Website // ab 3 Jahre // Schlechtwettertipp, WC, Wickeltisch, kostenpflichtig, kinderwagentauglich

49_DER KINDERDOM

Hinter den Kulissen der größten Kirche Österreichs

Eine Kirche so groß wie ein halbes Fußballfeld – ist so etwas möglich? Ja, so etwas gibt es tatsächlich, und zwar in Linz! Der Mariendom ist, das Fassungsvermögen betreffend, die größte Kirche Österreichs und mit 134,7 Metern Höhe gleichzeitig auch die zweithöchste Kirche des Landes. Nur der Wiener Stephansdom ist noch höher. Der Grundstein zum »Mariä-Empfängnis-Dom« oder »Neuen Dom«, wie er auch genannt wird, wurde 1862 gelegt. Damals war er das größte Bauprojekt in ganz Europa und eine architektonische Meisterleistung. Auch heute noch versetzt der Dom jeden, der vor ihm steht oder das majestätische Innere betritt, in Staunen.

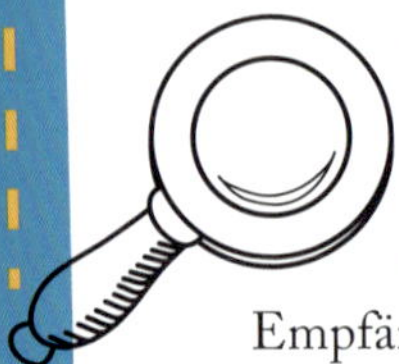

Kinder zum Staunen und Strahlen zu bringen ist das Ziel des Teams vom Kinderdom. Dabei handelt es sich um ein einzigartiges Projekt, das dieses bedeutende geschichtliche, architektonische und religiöse Erbe für Kinder mit allen Sinnen erlebbar macht.

Fünf Kinderführungen zu unterschiedlichen Themen werden für Kinder ab sechs Jahren angeboten. Dabei dürfen die Kinder spannende Rätsel lösen, versteckte Botschaften und Schätze aufspüren, mit Fernrohr und Lupe wie ein Detektiv den Dom erkunden, faszinierenden Geschichten lauschen und Orte begehen, die für Touristen außerhalb der Führungen nicht zugänglich sind. Über enge, kleine Wendeltreppen steigt ihr hoch hinauf, geht die Balustraden entlang und kommt der riesigen Orgel, den bunten Glasfenstern und den Kirchenglocken ganz nahe. Ein einzigartiges Erlebnis!

Adresse Domplatz 1, 4020 Linz-Innere Stadt, www.kinderdom.at // Öffis Bus 45, 46, 70, 71, 73, Haltestelle Mariendom; Straßenbahn 1–4, Haltestelle Mozartkreuzung // Anfahrt Parkmöglichkeiten in der Garage am Domplatz // Öffnungszeiten Kinderdom-Führungen jeden 3. So im Monat um 14.30 Uhr, Anmeldung erbeten // ab 6 Jahre // Schlechtwettertipp, WC, kostenpflichtig

TIPP: In der Begegnungszone der Herrenstraße findet ihr am Boden ganz besondere Pflastersteine. Auf ihnen ist das Wort »Willkommen« in 40 verschiedenen Sprachen eingraviert.

50_DER LICHTBRUNNEN UND SEINE GEFÄHRTEN

Entdecke die coolsten Brunnen von Linz

Kleine Kinder lieben Brunnen, schließlich lässt sich damit ganz wunderbar pritscheln. In der Denkmal-Datenbank der Stadt Linz sind sage und schreibe 56 Brunnen erfasst. Das reinste Wasserspielparadies! Macht doch mal eine Brunnen-Entdeckungstour durch Linz. Alle Brunnen mit Bildern und Lageplan findet ihr auf der Website.

Besonders spannend ist der fast neun Meter hohe Lichtbrunnen in der Altstadt. Wie ein Riesen-Lichtschwert aus der bekannten Filmreihe »Star Wars« sieht er aus. Ein Linzer Kuriosum, das man gesehen haben sollte, und zugleich ein tolles Beispiel für die Nutzung von Solarenergie. Der gesamte Lichtbrunnen ist mit Photovoltaik-Zellen ausgestattet, die ihn mit ausreichend Strom versorgen, um in der Nacht zu leuchten.

Ebenfalls sehenswert sind der mehrere Meter hohe Hochstrahlbrunnen an der Donaulände und die Jubiläumsbrunnen in der Wimhölzelstraße sowie in der Gürtelstraße. Bei letzteren erwarten euch ein Regenwald aus Edelstahl und die verrückteste Wiese von Linz. Der Drei-Grazien-Brunnen in der Europastraße hingegen fasziniert mit drei lebensgroßen Frauenfiguren, der Hundertwasserbrunnen an der Spittelwiese mit der Hand eines Riesen und der Brunnen in der Lessingstraße mit einem spuckenden Medusenhaupt. Challenge: Wer schafft drei Runden um den Brunnen in der Lessingstraße (Treppen rauf, Treppen runter, am spuckenden Kopf vorbei) in der kürzesten Zeit?

TIPP: Direkt neben der Altstadt liegt der Schlossberg. Mutige Familien können nach der Besichtigung des Lichtbrunnens noch den im Dunkeln etwas gruseligen Aufstieg wagen – der Blick über Linz bei Nacht ist es wert!

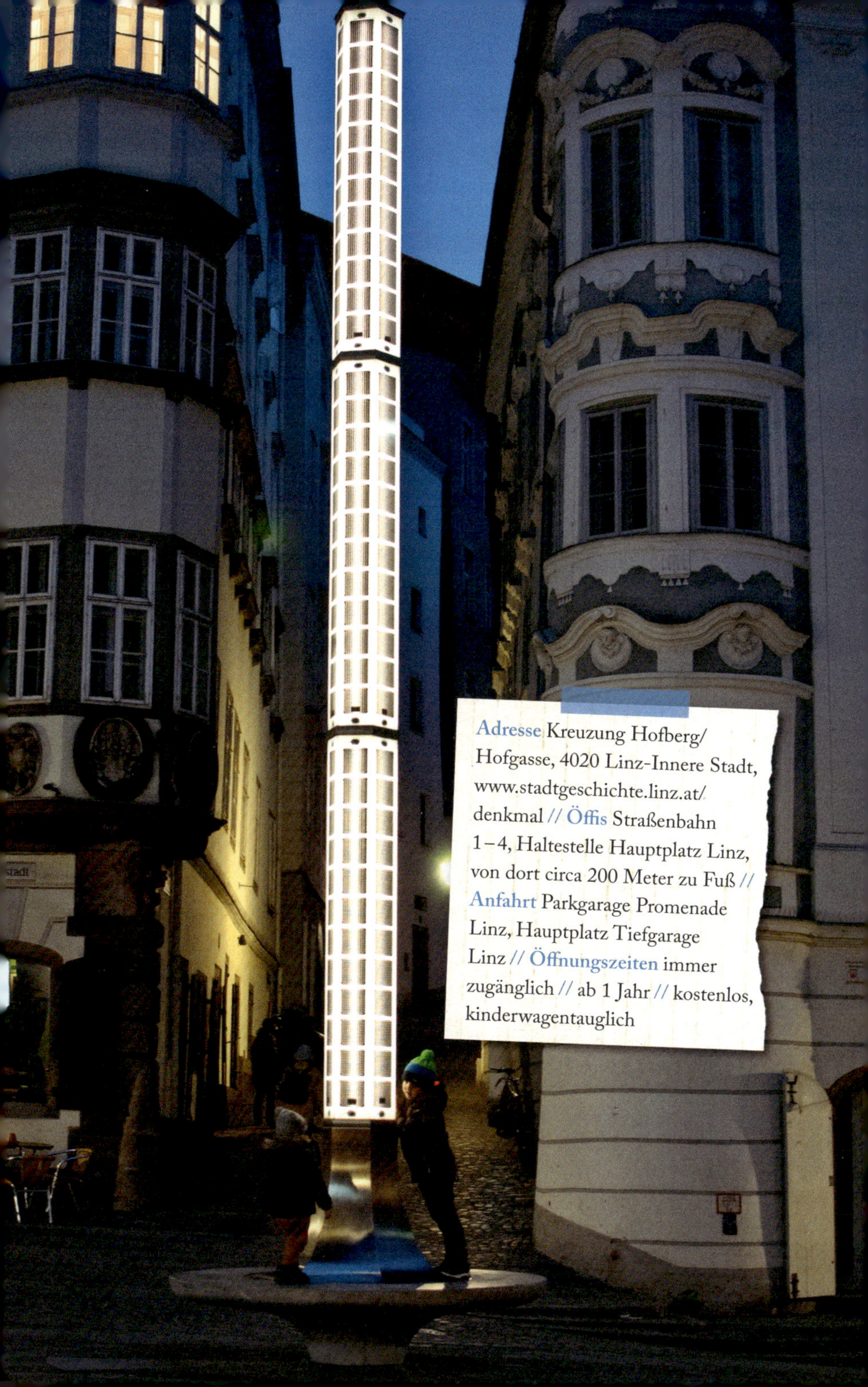

Adresse Kreuzung Hofberg/Hofgasse, 4020 Linz-Innere Stadt, www.stadtgeschichte.linz.at/denkmal // **Öffis** Straßenbahn 1–4, Haltestelle Hauptplatz Linz, von dort circa 200 Meter zu Fuß // **Anfahrt** Parkgarage Promenade Linz, Hauptplatz Tiefgarage Linz // **Öffnungszeiten** immer zugänglich // ab 1 Jahr // kostenlos, kinderwagentauglich

51_ DIE LINZER »REICHEN«

Wo einmal die Kacke floss

Kaum zu glauben, aber wahr: Es ist noch gar nicht so lange her, dass die Linzer ihre Notdurft in einem Topf statt einem WC verrichteten. Tatsächlich mussten sogar unsere Ururgroßeltern in ihrer Kindheit meist noch ohne WC auskommen. Aber wohin mit dem Inhalt des Nachttopfes und den Abwässern aus Küche und Co.?

Ganz einfach: Sie wurden auf die Straße geleert. Bis Anfang des 19. Jahrhunderts gab es in Linz hierfür die sogenannten »Reichen«. Das waren Abstände zwischen den Häusern, von denen aus die Abwässer auf die Straße geleitet wurden. Einmal im Jahr wurden sie freigeschaufelt. Einer dieser »Reichen« ist noch gut erhalten und kann in der Altstadt zwischen den Lokalen »Kleiner Grieche« und »Tempelbar« besichtigt werden.

Die Toilette mit Wasserspülung wurde übrigens bereits im Jahre 1556 vom Briten Sir John Harington erfunden. Seine Zeitgenossen erkannten die Sinnhaftigkeit dieser Erfindung aber noch nicht. 1755 dann meldete ein Schotte namens Alexander Cummings ein Patent für das »Water Closet« – kurz »WC« – an. Bis WCs auch in privaten Haushalten Einzug hielten, dauerte es aber noch über 100 Jahre. Erst Ende des 19. Jahrhunderts gab es in den meisten Städten Europas ein Kanalsystem und fließendes Wasser und damit die notwendige Infrastruktur, um private WCs einzubauen. Am Land hingegen verwendete man noch lange sogenannte »Plumpsklos«. Heute werden die Linzer Abwässer über die Kanalisation in die Regionalkläranlage Linz-Asten geleitet.

TIPP: Am Hauptplatz bei der Tourist-Info im Neuen Rathaus könnt ihr euch gratis die Folder »Linz verändert Geschichte« und »Linz verändert Kulturerbe« mit vielen spannenden Infos und Fotos zur Geschichte von Linz holen.

Adresse zwischen den Häusern Hofberg 6 und 8, 4020 Linz-Innere Stadt // **Öffis** Straßenbahn 1–4, Haltestelle Hauptplatz; Bus 26,192, Haltestelle Obere Donaulände // **Anfahrt** Hauptplatz Tiefgarage Linz // **Öffnungszeiten** immer zugänglich // ab circa 3 Jahre // kostenlos

52_L'OSTERIA LINZ

Die größte Pizza von Linz

Eine Pizza, die so groß ist, dass die ganze Familie davon satt wird – gibt es das? Ja, das gibt es tatsächlich! Und zwar in der Osteria Linz. Die XXL-Pizza hat einen Durchmesser von sage und schreibe 45 Zentimetern – also fast einem halben Meter! Mein dreijähriger Sohn saß davor und staunte. Dann meinte er verwundert: »Aber der Teller fehlt. Warum liegt die Pizza nicht auf einem Teller?« Ich schmunzelte und hob die Pizza ein Stück hoch – und da war er, der Teller! Er war komplett unter der riesigen Pizza verschwunden gewesen.

Die Osteria Linz beeindruckt aber nicht nur mit großen Pizzen und italienischem Flair, sondern auch mit schickem Ambiente. Umso überraschender, dass sie auf Familienbesuch so gut vorbereitet ist. Zwei Kinderwagenabstellplätze, Kinderhochstühle und ein WC mit Wickeltisch im süßen Marienkäfer-Design stehen Familien zur Verfügung. Außerdem bekommt ihr vom freundlichen Personal gratis Buntstifte und ein Mal- und Rätselheft, mit dem ihr euch die Wartezeit vertreiben könnt. Dabei lernt ihr auch so manches über die italienische Küche. Zum Beispiel, dass jede Pastasorte ihren eigenen Namen hat. Challenge: Erratet ihr alle Namen im Rätselbuch auf der ersten Seite?

Sehr spannend ist außerdem die einsehbare Küche. Dort könnt ihr die Köche und Köchinnen live bei der Arbeit beobachten. In dieser Küche werden übrigens nicht nur Pizzen, sondern auch Pastagerichte und leckere »Dolci« gezaubert. *Buon appetito!*

Adresse Promenade 22, 4020 Linz-Innere Stadt // **Öffis** Straßenbahn 1–4, Bus 26, 27, Haltestelle Taubenmarkt // **Anfahrt** Parkgarage Promenade Linz, Promenadenhof // **Öffnungszeiten** Mo–Sa 11–24 Uhr, So, Feiertage 12–24 Uhr // ab 1 Jahr // Schlechtwettertipp, kostenpflichtig, Kleinkindsessel, WC, Wickeltisch

TIPP: Der »Spielplatz Landhauspark« liegt westlich vom Landhaus und lockt mit einem außergewöhnlichen Spielgerät: einer Art Outdoor-Drehsessel. Lustig!

53_NACHTWÄCHTER'S STÜBCHEN

Entdecke Linz bei Nacht

Führungen der ganz besonderen Art könnt ihr mit Wolfgang Liegl, dem »Nachtwächter zu Lintze«, erleben. Gemeinsam zieht ihr bei Nacht durch Linz, lauscht spannenden Geschichten, die euch ins 15. Jahrhundert entführen, und erkundet verborgene Orte. Mit dem historisch gekleideten Nachtwächter an eurer Seite und einer Hellebarde in der Hand fühlt ihr euch in ein anderes Jahrhundert zurückversetzt.

Ihr könnt unter neun Führungen zu spannenden Themen wählen. Für Kinder besonders geeignet: die klassische Nachtwächter-Führung auf den Schlossberg hinauf und die Führung »Geister und Mord«, vollgepackt mit historischen (Grusel-)Geschichten und Legenden. Zum Schluss dürft ihr sogar den Glockenturm im Alten Dom besteigen und die Aussicht genießen! Beide Führungen beginnen beim Nachtwächter's Stübchen in der Linzer Altstadt. Für die Kinder stehen passende Accessoires bereit: Mit Hellebarden und Laternen ausgerüstet startet ihr den circa zwei Kilometer langen Rundweg. Die Führungen dauern etwa eineinhalb Stunden und finden auch bei Schlechtwetter statt – gutes Schuhwerk ist von Vorteil. Für Familien mit Kinderwagen oder Rollstuhl wird auch eine barrierefreie Führung angeboten.

Wie Wolfgang auf die Idee zu den Nachtwächter-Führungen kam? Auf einer Reise nach England durfte er selbst an einer solchen teilnehmen. Sie gefiel ihm so sehr, dass er zurück in Linz sofort mit den historischen Recherchen startete und die Nachtwächter-Führungen ins Leben rief.

TIPP: Der Glockenring der Pummerin ist ein im Boden eingelassener Metallring, der daran erinnert, dass die größte Glocke des Wiener Stephansdoms hier in Linz gegossen wurde. Geht durch den Durchgang im Landhaus, den Ring findet ihr gleich auf der anderen Seite.

Adresse Altstadt 15 (Innenhof), 4020 Linz-Innere Stadt, www.nachtwaechter-zu-lintze.at // Öffis Straßenbahn 1–4, 50, Haltestelle Hauptplatz, von dort 250 Meter Fußweg // Anfahrt Tiefgarage Promenade Linz, Kurzparkzone außerhalb der Altstadt // Öffnungszeiten Führungen Do, Fr, Sa, Anmeldung nötig, barrierefreie Führung möglich // ab 8 Jahre, Führung »Geister und Mord« ab 10 Jahre // kostenpflichtig, Schlechtwettertipp, WC

54_DIE NASCHKATZE

Erlebe die Kunst der Süßwarenherstellung

Zwei Frauen, die Anna heißen, ein schicker Shop und unendlich viele Süßigkeiten in jeder erdenklichen Farbe – das ist die Süßwarenmanufaktur Naschkatze in Linz. Hier könnt ihr euch nicht nur durch das bunte Süßigkeitensortiment shoppen, sondern den beiden Annas auch direkt bei der Süßwarenherstellung zusehen. Wer dabei selbst Lust auf diese kreative Beschäftigung bekommt, kann einen der begehrten Workshops buchen.

Dabei erlebt ihr den faszinierenden Prozess der Hartkaramellherstellung von Anfang an mit. Die heiße Zuckermasse wird zum Auskühlen auf eine kalte Steinplatte gegossen, mit eurem gewählten Geschmack sowie mit Farbe versehen und dann fest geknetet. Anschließend entstehen aus der plastilinähnlichen Masse unter Anleitung zuckersüße Kunstwerke, die ihr am Ende natürlich mit nach Hause nehmen dürft. Besonders spannend ist es, dabei zuzusehen, wie Anna mit einem überraschenden Trick hauchzarte Beschriftungen in die Süßigkeiten zaubert.

Wie die zwei Frauen auf die Idee gekommen sind, ihren Betrieb zu eröffnen? Auf einer Auslandsreise besuchten sie eine Süßwarenmanufaktur, und es war Liebe auf den ersten Blick! Die Kunst der Hartkaramellherstellung ist jedoch ein gut gehütetes Geheimnis. Um diese trotzdem erlernen zu können, zogen die beiden sogar für einen Monat nach Georgien.

Sowohl die Workshops als auch die personalisierbaren Schlecker und Süßigkeiten sind übrigens eine tolle Idee für eine Kindergeburtstagsfeier.

Adresse Hofgasse 6, 4020 Linz-Innere Stadt, www.naschkatze-shop.com // Öffis Straßenbahn 1–4, Haltestelle Hauptplatz // Anfahrt Hauptplatz Tiefgarage Linz // Öffnungszeiten Di–Sa 11–17 Uhr // für jedes Alter, Workshops ab 6 Jahre // Schlechtwettertipp, kostenpflichtig, WC

TIPP: Während es in der Altstadt die »Naschkatzen« zu entdecken gibt, findet man am Hauptplatz ein anderes Tier, nämlich einen historischen Elefanten! Ob ihr ihn wohl erspäht?

55_DAS ROTE KRABBELPARADIES

Ein Spielplatz für Groß und Klein

Bestimmt habt ihr schon einmal den Volksgarten besucht, den großen grünen Park unweit des Linzer Bahnhofs. Aber kennt ihr auch schon das »rote Krabbelparadies«? Gemeint ist die rote Wellenlandschaft hinter den Sitzbänken. Eigentlich ist das ein Wasserspielplatz, auf dem im Sommer mit einer Pumpe ganz ohne Schlamm gepritschelt werden kann. Er ist aber meist trocken, besitzt eine weiche Oberfläche und eignet sich daher wunderbar zum Krabbeln. Mein Sohn jedenfalls liebte es, die sanften Hügel mit seinen kleinen Händen zu erspüren und sich im »Geländekrabbeln« zu üben. Wer mit Kindern durch die Stadt geht, entdeckt sie eben mit völlig neuen Augen.

Der Spielplatz hat außerdem einen durchgängigen weichen Sandboden und einen separaten Kleinkindbereich zu bieten – den wohl größten Outdoor-Kleinkinderspielplatz in ganz Linz. Dort gibt es eine Kleinkindrutsche, ein niedriges Kletternetz, verschiedene Wandspiele und zwei Babyschaukeln.

Weitere Highlights sind das riesengroße Klettergerüst mit zwei Rutschen für ältere Kinder, zwei normale Schaukeln, eine Korbschaukel, ein Basketballkäfig und ein Riesenschach-Spielfeld. Ein öffentliches WC steht wenige Meter entfernt bei der Haltestelle Goethekreuzung zur Verfügung. Der Spielplatz liegt außerdem sehr zentral an der Landstraße und ist mit öffentlichen Verkehrsmitteln gut erreichbar. Ein richtiger Allrounder eben!

TIPP: Im Musiktheater gleich neben dem Volksgarten gibt es ein nettes Café mit viel Platz zum Herumlaufen und Krabbeln, einer Kiste mit Spielsachen und einem WC mit Wickeltisch.

Adresse Volksgartenstraße 32, 4020 Linz-Innere Stadt; barrierefrei // **Öffis** Straßenbahn 1 – 4, Bus 12, 17, 19, Haltestelle Goethekreuzung // **Anfahrt** Parkgarage Musiktheater // für jedes Alter // kostenlos, WC, kinderwagenfreundlich

56_DIE SANDBURG

Der wohl größte Sandkasten von Linz

In der Hängematte sitzen und den Sand unter den nackten Füßen spüren? Das geht nicht nur in Italien oder Griechenland, sondern auch in Linz! Das angesagte Lokal »Sandburg« liegt an der Donaulände und ist voll von wunderbar feinem Sand. Genau genommen ist der gesamte Gastgarten so etwas wie ein riesengroßer ebener Sandkasten mit Blick auf die Donau. Sandburgen bauen, in der Hängematte oder den Liegestühlen chillen, Schiffe beobachten, Salsa tanzen – alles möglich. Abends ist dort immer sehr viel los, also unbedingt vorab einen Platz reservieren. Vormittags hingegen ist es angenehm ruhig. Ein Tipp mit Augenzwinkern aus persönlicher Erfahrung: Lasst eure Kinder lieber gleich barfuß spielen. Wenn eine Sandale erst einmal unbemerkt ausgezogen und eingegraben wurde, findet man sie nur schwer wieder.

In der »Sandburg« selbst werden übrigens nur Getränke verkauft. Aber keine Sorge: Für das regelmäßig wechselnde Speisenangebot ist die »Holzpoldl Beach Food Tram« da. Die Burger sind etwas teuer, aber geschmacklich sehr empfehlenswert.

Direkt neben der »Sandburg« findet ihr schattige Wiesen und einen faszinierenden Hochstrahlbrunnen. Die riesige Wasserfontäne schießt mehrere Meter in die Höhe und versprüht bei Windgang kleine Wassertropfen. Im Sommer ein beliebter Ort für Groß und Klein!

Adresse Untere Donaulände 5, 4020 Linz-Innere Stadt, www.diesandburg.at // **Öffis** Bus 310 Richtung Freistadt Böhmertor, Haltestelle Untere Donaulände, 200 Meter zu Fuß; Straßenbahn 1–4, 50, Haltestelle Hauptplatz Linz, 800 Meter zu Fuß // **Anfahrt** zahlungspflichtige Kurzparkzone entlang der Straße »Untere Donaulände«, Parkgaragen: Arcotel Nike Linz, Lentos Tiefgarage, Parkbad // **Öffnungszeiten** bei Schönwetter täglich 11–24 Uhr; Holzpoldl Beach Food Tram Mo–Fr 16–23 Uhr, Sa, So 12–23 Uhr // für jedes Alter // kostenlos, kinderwagentauglich, WC

TIPP: Etwa 200 Meter die Donaulände entlang Richtung Nordosten gibt es einen tollen Spielplatz mit Wikingerschiff.

57_DER SCHLOSSBERG

Der Spielplatz mit den begehbaren Mauern

Ein Spielplatz umgeben von alten Schlossmauern? Das gibt es nur am Linzer Schlossberg. Eigentlich handelt es sich um einen Ausläufer des Römerbergs – aufgrund des Linzer Schlosses hat sich aber der Name Schlossberg durchgesetzt. Rundherum liegt der Schlosspark mit verschlungenen Wegen und mächtigen Bäumen. Und mittendrin? Ein Spielplatz, wie es sonst keinen anderen gibt, denn die Burgmauern, die ihn an zwei Seiten begrenzen, sind begehbar. Ein wahr gewordener Traum für kleine Ritter und Burgfräulein! Auch der tolle Ausblick auf die Donau und den Schiffs-, Auto- und Bimverkehr wird viele Kinder begeistern. Zur vollen Stunde solltet ihr unbedingt zur Panoramaterrasse vor dem Schlossmuseum eilen. Wer entdeckt die meisten Kirchtürme? Und könnt ihr alle Glocken läuten hören?

Gut zu wissen: Eine öffentliche Toilette steht am Spielplatz nicht zur Verfügung, während der Öffnungszeiten des Schlossmuseums dürfen dort aber WC und Wickeltisch kostenlos benutzt werden.

Übrigens gibt es im Schlosspark noch mehr zu entdecken. Wusstet ihr zum Beispiel, dass man dort gleich an zwei Stellen Fische beobachten kann, einmal indoor und einmal outdoor? Und wer sind die mysteriösen »Sonderlinge« am Schlossberg, 13 an der Zahl, die sich hinter dem Rücken eines über 200 Jahre alten Mannes verstecken? Findet es heraus!

Auflösung: Die Fische findet man im Teich und im Aquarium im Schloss, die Sonderlinge sind eine Steinskulptur westlich des Schlosses, und die Statue von 1780 stellt Johannes Kepler dar.

TIPP: Wem nach so viel Bewegung und Spaß der Magen knurrt, der kann sich im Schlosscafé unweit des Spielplatzes stärken. Im Sommer ist der Gastgarten mit kleiner Spielmöglichkeit und tollem Ausblick sehr zu empfehlen.

Adresse Schlossberg 1, 4020 Linz-Innere Stadt // **Öffis** Straßenbahn 1–4, 50, Haltestelle Hauptplatz Linz, von dort circa 350 Meter Fußweg steil bergauf, nicht kinderwagentauglich // **Anfahrt** Parkplätze am Schlossberg in begrenzter Anzahl vorhanden // **Öffnungszeiten** Park immer zugänglich // ab 1 Jahr // kostenlos, WC, Wickeltisch

58_DAS SCHLOSSMUSEUM

Kostenloser Eintritt am ersten Sonntag im Monat

Wie macht die Kuh? Muuuh! Wie macht das Schaf? Määäh! Wie macht der Fisch? Ähhh … Ja, wie macht der Fisch eigentlich genau? Tatsächlich erzeugen auch Fische Laute! Wie sie klingen, könnt ihr im Schlossmuseum herausfinden, indem ihr eine gelbe Lade herauszieht und per Knopfdruck verschiedene Fischlaute abspielen lasst. Außerdem könnt ihr ein echtes Murmeltierfell streicheln, einem riesengroßen Hai ins Maul schauen und kleine Insekten beobachten, wie sie Gewebe und Knochen zersetzen – igitt!

Besonders viel Spaß macht es, die vielen gut getarnten Tiere im kleinen Wald hinter Glas zu entdecken. Welche Fußspur gehört zu welchem Tier, und wo ist es hingegangen? Findet ihr zum Beispiel die niedlichen Fuchswelpen? Auch das große Aquarium mit den bunten Fischen ist bei Groß und Klein beliebt.

Die Dauerausstellung »Natur Oberösterreich« im unteren Stockwerk des Schlossmuseums kommt bei Familien besonders gut an. Aber auch die Fahrzeuge in der Dauerausstellung »Technik Oberösterreich« sind sehenswert. Im zweiten Stock des Schlosses, ganz hinten im Bereich der Technikausstellung, findet man sogar eine gemütliche Kinderecke mit Aussicht auf die Nibelungenbrücke und die Donau.

> TIPP: Der freie Eintritt am Familiensonntag gilt nicht nur für das Schlossmuseum, sondern auch für das Kunstmuseum Lentos und das Museum Francisco Carolinum.

Coole Sache: Wer Kinderkultur nicht nur im Museum, sondern auch zu Hause genießen will, kann sich unter www.ooelkg.at zur »Post vom Schloss« anmelden und bekommt einmal monatlich gratis ein Aktiv-Package zugeschickt.

Adresse Schlossberg 1, 4020 Linz-Innere Stadt; barrierefrei // **Öffis** Straßenbahn 1–4, Haltestelle Hauptplatz, von dort 350 Meter Fußweg steil bergauf (nicht kinderwagentauglich) // **Anfahrt** kostenpflichtiger Parkplatz für Museumsbesucher vorhanden // **Öffnungszeiten** Di–So 10–18 Uhr, jeden 1. So im Monat gratis für Familien bei Vorlage der Familienkarte // ab 3 Jahre // Schlechtwettertipp, kostenlos, WC, Wickeltisch, kinderwagentauglich

59_DER TEESALON MADAME WU

Fühl dich wie eine feine englische Dame

Im edlen Teesalon von Madame Wu in der Linzer Altstadt wird Genuss richtig zelebriert. Ein besonderes Erlebnis für kleine Prinzessinnen! Ob mit Mama, Papa, Oma oder Opa – zu einem Afternoon Tea ausgeführt zu werden wie eine feine Dame ist für jedes Kind unvergesslich. Natürlich sind auch kleine Prinzen willkommen.

Es erwarten euch eine ruhige, gemütliche Atmosphäre und wunderbar bequeme, mit feinem Samtmuster überzogene Sessel, die einer Prinzessin wahrhaft würdig sind. Serviert werden feine Häppchen auf einer edlen Etagere: frisches Obst, ofenwarme Scones mit Clotted Cream und Erdbeermarmelade, Sandwiches und Teegebäck.

Beim Tee habt ihr die Qual der Wahl – unglaublich viele Sorten stehen zur Auswahl. Wie wäre es mit einem Prinzen-und-Prinzessinnen-Tee, passend zum Anlass? Oder wollt ihr lieber den »Frau Holle«-Tee, den »Feenzauber« oder den »Bio Glücksdrachen« probieren?

Die Tradition des Afternoon Teas geht auf eine Hofdame von Königin Victoria im 19. Jahrhundert zurück. Um zwischen dem Mittag- und dem Abendessen nicht allzu hungrig zu werden, führte sie eine fixe Teezeit am Nachmittag ein, zu der sie auch kleine Häppchen servieren ließ. Es dauerte nicht lange, bis der Afternoon Tea in der gesamten Oberschicht abgehalten wurde. Die feinen Damen nutzten die Gelegenheit, um ihre neuesten Kleider zur Schau zu tragen und Klatsch und Tratsch auszutauschen.

Adresse Altstadt 13, 4020 Linz-Innere Stadt // Öffis Straßenbahn 1–4, Haltestelle Hauptplatz, von dort 200 Meter Fußweg // Anfahrt nächste Parkmöglichkeit: Tiefgarage Promenade Linz oder in der Kurzparkzone außerhalb der Altstadt // Öffnungszeiten Mo, Di, Do 8–20 Uhr, Fr, Sa 8–22 Uhr, So und Feiertage 10–20 Uhr, Mi geschlossen, Tisch bitte vorab reservieren // ab 6 Jahre // Schlechtwettertipp, kostenpflichtig, WC

TIPP: Nur wenige Schritte entfernt liegt das Mozarthaus. Hier komponierte der bekannte Musiker 1783 bei seinem Besuch in Linz in nur drei Tagen die Linzer Sinfonie. Der Innenhof ist begehbar.

60_DER WISSENSTURM

Gläserner Lift mit atemberaubender Aussicht

Wer im Wissensturm Linz in den Lift steigt, wird so bald nicht mehr hinunterfahren. Denn oben im 15. Stock bietet sich ein Ausblick, der jedes Kinder- und Erwachsenenherz höherschlagen lässt.

Der Wissensturm ist 63 Meter hoch und liegt direkt neben dem Linzer Hauptbahnhof. Ganz mutige Kids können den Knopf zum obersten Stockwerk drücken und werden dafür mit einer einzigartigen Aussicht über die Stadt Linz sowie das gesamte Bahnhofsareal mit all seinen ein- und ausfahrenden Zügen belohnt. Bei gutem Wetter reicht die Sicht sogar bis zu den Alpen. Das Beste daran: Schon die Fahrt selbst ist ein richtiges Abenteuer für kleine Entdecker, denn der gesamte Lift besteht aus Glas.

Das ist ein echter Geheimtipp, denn eine offizielle Sehenswürdigkeit ist der Wissensturm nicht. Er beherbergt unter anderem die öffentliche Stadtbibliothek – und ist damit während der Öffnungszeiten für jeden gratis zugänglich. Bereit für den Lift-Rausch? Na, dann los!

Übrigens hat auch die Stadtbibliothek einiges zu bieten. Im Erdgeschoss gibt es ein Aquarium zu bestaunen, und im ersten Stock lockt eine Kinderbibliothek mit lebensgroßer Ritterrüstung und dem Kinderbuchleseland mit Kuschelecke, Spielmöglichkeit, lustigem Zerrspiegel und Kopfhörern zum Reinhören in CDs. In der Bibliothek könnt ihr übrigens auch Tonie-Figuren ausleihen. Ebenfalls praktisch: die gratis Online-Bibliothek media2go mit über 4.000 Medien in der Online-Kinderbibliothek.

TIPP: Im selben Gebäude ist auch die Volkshochschule untergebracht. Wusstet ihr, dass hier nicht nur Kurse für Erwachsene, sondern auch für Kinder angeboten werden? Zum Beispiel der kostenlose Coder-Club für Kinder von 8 bis 17 Jahren (linz.coderdojo.net).

Adresse Kärntnerstraße 26, 4020 Linz-Innere Stadt, www.wissensturm.linz.at // Öffis Straßenbahn 1–4, Bus 12, 17, 19, 27, 45, 46, 73, Haltestelle Hauptbahnhof // Anfahrt Parkgarage Bahnhof-Wissensturm // Öffnungszeiten Mo–Fr 8–18 Uhr, Sa 10–15 Uhr // für jedes Alter // Schlechtwettertipp, kostenlos, WC, Wickeltisch, kinderwagentauglich

61_DIE FITNESSOASE PARKBAD

Sieh die Eistänzer über das Eis fliegen!

Die Eislaufplätze der Fitnessoase Parkbad sind im Winter ein beliebtes Ausflugsziel für Hobby-Eisläufer. Aber was passiert dort außerhalb der Öffnungszeiten? Dann trainieren die Profis: Eiskunstläufer und Eishockeyspieler. Und das Tolle: Man kann ihnen dabei zusehen! Die Donaupark Eishalle besteht auf einer Seite nämlich völlig aus Glas – praktischerweise genau auf der Seite, an der der Gehsteig vorbeiführt. Besonders im Winter, wenn es draußen schon am Nachmittag dunkel wird und drinnen das Licht scheint, können staunende Kinderaugen hier den Puck verfolgen, wie er über das Eis flitzt, oder die Eiskunstläufer, wie sie wunderschöne Pirouetten üben.

Wer lieber selbst eislaufen will, kann das zu den normalen Öffnungszeiten auf der Freieisfläche und in der Eishalle tun. Eislaufschuhe können ausgeliehen werden, ein Buffet sorgt für Verpflegung. Es gibt außerdem ein großes Angebot an Eislaufkursen für Kinder ab dreieinhalb Jahren, Schnuppern ist gratis möglich.

In der angrenzenden »Keine-Sorgen-Eisarena« finden übrigens regelmäßig Eiskunstlaufmeisterschaften statt. Zum Beispiel jährlich im Oktober der Lentia Cup und die ASKÖ-Bundesmeisterschaften für Eiskunstlauf und Eistanz. Was nur wenigen bekannt ist: Publikum ist herzlich willkommen und hat kostenlosen Zutritt! Termindetails und das Wettkampfprogramm findet ihr auf der Website von Skate Austria.

TIPP: Gleich gegenüber liegt die ehemalige Tabakfabrik, die heute hippen Unternehmen Büro- und Verkaufsflächen bietet. Findet ihr den 24/7 begehbaren alten Eisenbahnwaggon?

Adresse Untere Donaulände 11, 4020 Linz-Kaplanhof // **Öffis** Bus 26, Haltestelle Brucknerhaus; Bus 12, 25, Haltestelle Parkbad // **Anfahrt** Parkgarage Fitnessoase, Vergünstigung für Gäste der Fitnessoase, Parkticket an der Kasse vorweisen // **Öffnungszeiten** saisonal unterschiedlich, aktuelle Infos unter www.linzag.at // ab circa 3 Jahre // Schlechtwettertipp, kinderwagentauglich

62_DER ROTAX MAX DOME

Fahr- und Spielspaß für die ganze Familie

Race like never before! Das ist das Motto der riesengroßen E-Kart-Rennbahn mitten in Linz. Mit bis zu 50 Kilometern pro Stunde könnt ihr über die zweistöckige Bahn und durch den interaktiven Tunnel mit Lichteffekten rasen und euch adrenalingeladene Rennen liefern – und das ganz umweltfreundlich, sicher und lärmarm.

Aber auch alle, die nicht selbst fahren wollen, sind herzlich willkommen. Für Zuschauer gibt es eine große, gemütliche Chill-out-Area. Das Highlight: Durch eine riesige Glasfront könnt ihr die Rennen überblicken – auch für Kleinkinder eine tolle Schlechtwetter-Beschäftigung. Für leckere Snacks und Drinks ist gesorgt. Außerdem stehen spannende Spielmöglichkeiten zur Verfügung, für die keine Altersbeschränkung gilt: der GameRoom, die Rennsimulatoren und das »360° Snowmobile«, auf dem ihr mit Virtual-Reality-Brille über schneebedeckte Hänge rasen könnt.

Das E-Kart-Fahren ist ab 14 Jahren und 145 Zentimetern Mindestgröße möglich. Kinder ab zehn Jahren dürfen an jedem Familiensonntag und im ersten Rennen des Tages im speziellen »Rookie Modus für Kids« fahren. Richtig cool: Nach dem Fahren erscheint euer Ergebnis mitsamt dem vorher aufgenommenen Video-Avatar auf einem Screen.

Tipps für euren ersten Besuch: Ladet euch vorher die Rotax MAX Dome App herunter, ihr könnt darin die Reservierung vornehmen und benötigt sie zur Registrierung. Zieht flache Schuhe an und nehmt eure eigene Sturmhaube mit, falls vorhanden. Alle weiteren Infos erhaltet ihr bei der Einweisung. Viel Spaß!

Adresse Holzstraße 3, 4020 Linz-Kaplanhof // Öffis Bus 27, Haltestelle Holzstraße // Anfahrt kostenlose Besucherparkplätze vorhanden // Öffnungszeiten Mo, Di, Do 17–22 Uhr, Mi geschlossen, Fr, Sa 13–22 Uhr, So und Feiertage 11–20 Uhr // für jedes Alter, Kartfahren ab 10 Jahre // Schlechtwettertipp, kostenpflichtig, WC, kinderwagentauglich

TIPP: Von hier sind es nur fünf Gehminuten bis zur 2021 eröffneten neuen Eisenbahnbrücke. Auf dem 4,5 Meter breiten Fußgänger- und Radweg könnt ihr bequem die Donau queren und den Blick auf Linz genießen.

63_DAS KINDERFREIBAD

Gratis-Badevergnügen für die Kleinsten

Das Kinderfreibad in der Pestalozzistraße in Kleinmünchen ist gratis, sauber, bietet viel Schatten, Umkleidekabinen, WCs, Duschen und einen kleinen Kinderspielplatz. Es hat nur ein einziges seichtes Kinderbecken mit bunter Rutsche und Springbrunnen. Mit aktivem Kleinkind ist das ideal, weil man so gut den Überblick behält. Außerdem geht es dort meist weniger wild zu als im »Freibad für Große«, da die Benutzung nur für Kinder bis zwölf Jahren erlaubt ist. Perfekt für einen entspannten Freibadbesuch mit Kleinkind!

Das Tolle daran: So ein Freibad gibt es nicht nur in der Pestalozzistraße, sondern gleich sieben Mal in Linz: in der Kudlichstraße, der Wimhölzelstraße, im Afritschweg, im Negrelliweg, in der Pestalozzistraße, der Siemensstraße und der Weigunystraße. Ein wahnsinnig toller Service der Linz AG. Bestimmt liegt auch eines in eurer Nähe. Die genauen Adressen aller Kinderfreibäder sind online unter www.linzag.at zu finden. Manche sind auch mit zwei Becken ausgestattet. Das Kinderfreibad im Negrelliweg im Stadtteil Neue Heimat hat sogar eine kleine Insel mitten im Kinderbecken zu bieten. Alle Linzer Kinderfreibäder können kostenlos von Kindern bis zwölf Jahren und deren Begleitpersonen besucht werden. Für Begleitpersonen ist das Schwimmen allerdings nicht vorgesehen. Die Kinderfreibäder haben von Juni bis August bei Schönwetter täglich geöffnet. Ideal, um mal schnell für eine Stunde ins kühle Nass zu springen.

TIPP: Gleich nebenan liegen der große Fußballplatz der ASKÖ Donau Linz und der »Schweindalwirt«. Hier kann man sich ein Dessert holen und sich damit gemütlich auf die Tribüne setzen, um den Fußballspielern zuzusehen.

Adresse Pestalozzistraße 86, 4020 Linz-Kleinmünchen-Auwiesen; barrierefrei // **Öffis** Bus 11, 19, Haltestelle Zeppelinstraße; Straßenbahn 3, Haltestelle Dürerstraße // **Anfahrt** Parkmöglichkeiten entlang der Pestalozzistraße // **Öffnungszeiten** bei Schönwetter Juni–Aug. Mo–So 10–18 Uhr // ab 0 Jahre // kostenlos, kinderwagentauglich, WC

64_DER WASSERWALD OST

Koste das beste Trinkwasser Europas!

Köstlich und erfrischend, ein bisschen nach Winter und frischer Luft – so schmeckt das beste Trinkwasser Europas. Probiert es selbst! Der Wasserwald ist eine eineinhalb Quadratkilometer große Wald- und Wiesenfläche im Süden von Linz. Zum einen Wasserschutzgebiet, zum anderen Naherholungsgebiet, ist dieser besonders naturbelassene Park ein beliebtes Ausflugsziel der Linzer. Neben vielen Spazierwegen und dem Sportparcours (siehe Ort 65) hat der Wasserwald auch zwei schön angelegte Spielplätze zu bieten – und gleich daneben einen Trinkwasserbrunnen mit dem laut Inschrift »besten Trinkwasser Europas«. Prost!

Auf dem »Großen Kinderspielplatz« im Wasserwald findet ihr drei Schaukeln, eine Wippe, zwei Wipptiere, ein Klettergerüst mit Rutsche und rundherum mit Hecken bewachsene Spielhügel. Mit der Zeit haben sich versteckte Trampelpfade durch die Hecken gebildet – ein toller Ort zum Versteckenspielen!

Am zweiten Spielplatz gegenüber gibt es gleich drei Sandkisten, eine davon mit Bagger, einen drehbaren Kletterturm und eine große Röhrenrutsche. Bänke und Tische, ein überdachter Pavillon und gepflegte Wiesen laden zum Jausnen und Picknicken ein. Wer Angst vor Hunden hat, sollte den Wasserwald wegen der Hundefreilaufzonen jedoch lieber meiden. Im Bereich der Spielplätze gilt aber natürlich Leinenpflicht.

Adresse Kinderspielplatz Pestalozzistraße, 4030 Linz-Kleinmünchen-Auwiesen // **Öffis** Bus 11, 19, Haltestelle Zeppelinstraße, von dort 600 Meter Fußweg; Straßenbahn 3, Haltestelle Dürerstraße, von dort 1 Kilometer Fußweg // **Anfahrt** Parkmöglichkeiten entlang der Lißfeld- und Pestalozzistraße beim Friedhof Urnenhain Kleinmünchen // **Öffnungszeiten** immer zugänglich // für jedes Alter // kostenlos, kinderwagentauglich

TIPP: In den Sommerferien können Kinder im Zuge der Aktionstage »Gemeinsam sicher« der Linz AG im Wasserwald spannende Organisationen wie Polizei, Feuerwehr und Hundestaffel in Aktion erleben (www.linzag.at).

65_DER WASSERWALD WEST

Sport für die ganze Familie

Wer schafft in eurer Familie die meisten Klimmzüge, und wer ist am beweglichsten? Findet es heraus! Mitten im Wasserwald gelegen und gut zwischen schattenspendenden Bäumen versteckt, liegt ein schön angelegter Sportparcours. Der sogenannte »Trimm-dich-Pfad« besteht aus 20 beschilderten Stationen und ist etwa einen Kilometer lang. Mobilisation, Dehnen, Krafttraining, Springen – für jeden ist etwas dabei.

Das Beste daran: Auf den Tafeln sind Übungen in zwei Schwierigkeitsgraden ausgewiesen – einmal für Sportler und einmal für Familien. Die Geräte an den Stationen laden Kinder zum Entdecken, Klettern und Ausprobieren ein. Der Schotterweg ist eben und kinderwagentauglich. Ein echter Geheimtipp für Familien und eine tolle Möglichkeit für junge Eltern, beim Spaziergang mit Baby oder Kleinkind etwas für die eigene Gesundheit zu tun.

Oft sind gerade die Kleinsten begeistert dabei und versuchen, die Übungen nachzumachen. Außerdem können sie hier Stecken sammeln oder kleine Erdbeeren naschen. Denn wer genau hinschaut, entdeckt von Frühling bis Herbst am Waldboden viele kleine rote Früchte. Genau genommen sind es aber keine richtigen Walderdbeeren, sondern Indische Scheinbeeren. Sie sind ungiftig, schmecken allerdings nicht süß, sondern eher neutral. Man sollte sie aber nur verzehren, wenn man sich wirklich sicher ist, dass es sich um genau diese Beeren handelt. Mit Wasser aus der Trinkflasche kann man sie zuvor abspülen.

TIPP: Wer Hunde liebt, wird große Freude daran haben, sie beim Spielen und Herumtollen auf der beliebten Hundefreilaufwiese unweit des Sportparcours zu beobachten.

Adresse Schörgenhubstraße, 4030 Linz-Kleinmünchen-Auwiesen // **Öffis** Bus 11, 12, 19, Haltestelle Mitterweg, von dort zu Fuß der Schörgenhubstraße 1 Kilometer nach Norden folgen // **Anfahrt** Parkplatz Wasserwald (Salzburger Straße 94), dann 400 Meter zum Sportparcours // **Öffnungszeiten** immer zugänglich // für jedes Alter // kostenlos, kinderwagentauglich

66_DIE SCHATZSUCHE IM HAIDLAND

Das Rätsel der bunten Steine

Am Vorplatz der Kirche »MF Linz« im Süden der Stadt wartet auf eifrige Entdecker eine Schatzsuche der besonderen Art. Unter den vielen bunt bemalten Steinen mit lustigen Gesichtern, Minions, Tieren und Sprüchen sind nämlich sechs Buchstaben versteckt. Richtig gereiht ergeben sie ein Lösungswort. Erratet ihr es?

Wer das Lösungswort unter Angabe von Name, Adresse und Alter einschickt, bekommt einen tollen Finderlohn zugeschickt. Die Teilnahme ist für jedes Kind unter 18 Jahren einmal möglich. Außerdem dürfen die Steine nicht nur bestaunt werden – ihr dürft auch gern selbst bemalte Steine mitbringen und dazulegen.

Inspiriert wurde das Projekt von der »Steinschlange« beim Bienenerlebnisweg Zwettl an der Rodel. Die bunten Steine sollen Farbe und Freude ins Leben anderer Menschen bringen und Kindern eine kreative Beschäftigung ermöglichen.

Das Projekt ist eines von vielen Beispielen, die zeigen, dass Kirchen heute längst keine Orte mehr sind, an denen Kinder nur still sitzen dürfen. Im Gegenteil: Viele Kirchen bieten ein breites Kinderprogramm und sind ein toller Ort für Familien. Das Angebot reicht von der Kinderbetreuung während des Gottesdienstes und eigenen Still- und Babyräumen bis hin zu Kinderchören und Musicals, Gratis-Spielgruppen und wöchentlichen Angeboten für Teens und Jugendliche. Schaut euch einmal um, bestimmt gibt es auch in eurer Nähe eine kinderfreundliche Kirche zu entdecken.

TIPP: Ein Beispiel für eine Gratis-Spielgruppe ist die Krabbel-Zappel-Gruppe für Kinder bis drei Jahren in der Pfarre Guter Hirte Linz.

Adresse Im Haidland 3, 4030 Linz-Neue Heimat, www.mflinz.at/schatzsuche; barrierefrei // **Öffis** Bus 12, 41, 43, Haltestelle Linz/Donau Hörzingerstraße oder Salzburger Straße, von dort 500 Meter Fußweg // **Anfahrt** Parkplätze in den umliegenden Straßen // **Öffnungszeiten** Vorplatz immer zugänglich, Gottesdienst So 10 Uhr // ab 1 Jahr // kostenlos, kinderwagentauglich

67_DER PICHLINGER SEE

Der schönste Sommer-Spielplatz in Linz

Wenn die Sonne heiß vom Himmel brennt und auch die Wohnung keine Abkühlung mehr bietet, stellt sich jedes Mal wieder die Frage: Wohin, um der Hitze zu entkommen? Mein Tipp: An den wunderbar von schattenspendenden Bäumen umgebenen Spielplatz am Pichlinger See.

Das große Areal hat so einiges zu bieten, zum Beispiel eine Sandkiste mit Sitzbänken für die Eltern, die wirklich zu 100 Prozent im Baumschatten steht. Außerdem findet ihr dort ein Kletterhaus mit Rutsche, ein bodennahes Karussell, in dem auch Kleinkinder gut mitfahren können, eine normale Schaukel, eine Babyschaukel, sechs Reifenschaukeln, einen Seilkletterturm und eine Art Motorik-Klettergerüst für ältere Kinder. Für Teens und Erwachsene gibt es einen Volleyballplatz und Outdoor-Fitnessgeräte.

Außerdem liegt der Spielplatz in idealer Entfernung zum See – nah genug, um die Kinder entspannt im Auge zu behalten und zwischendurch einen Abstecher zum See zu machen, um sich abzukühlen, die Enten zu beobachten oder Steine ins Wasser zu werfen. Die große Liegewiese bietet viel Platz zum Entspannen und Picknicken. Das »Waikiki« gleich nebenan versorgt euch außerdem mit Snacks und Eis. Das einzige Manko des Spielplatzes ist die schlechte Erreichbarkeit mit Öffis – also besser mit dem Auto hinfahren.

Der 3,5 Kilometer lange Rundweg um den Pichlinger See ist übrigens kinderwagentauglich und zu jeder Jahreszeit für schöne Spaziergänge geeignet.

TIPP: Auf der gegenüberliegenden Seite des Sees findet ihr einen kleinen aufgeschütteten Sandstrand zum Sandburgenbauen.

Adresse Wiener Straße 933, 4030 Linz-Pichling; barrierefrei // **Öffis** Bus 12, 19, Haltestelle Pichlinger See, von dort circa 1,5 Kilometer Fußweg // **Anfahrt** Parkplatz vorhanden // **Öffnungszeiten** immer zugänglich // für jedes Alter // kostenlos, WC, Wickeltisch, kinderwagentauglich

68_DER WASSERSPIELPLATZ

Zeig dem Wasser, wo es langgeht

Klein, aber oho! Der kleine Weikerlsee ist ein wenig bekannter See im Stadtteil Pichling, der richtig viel zu bieten hat – und das nicht nur bei Badewetter. Zum einen findet ihr hier den größten Wasserspielplatz von Linz. Auf Knopfdruck plätschert das Wasser aus einer Steinschnecke vom Hügel herab und kann mit vielen Schleusen und Schiebern gestaut, umgeleitet und durchgelassen werden. Ein Riesenspaß! Bei Kleinkindern besonders beliebt ist der Matschbereich am unteren Ende des Hügels.

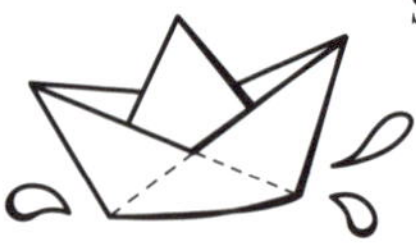

Gleich nebenan warten außerdem ein Spielplatz mit Rutsche, ein Holzspielhaus, Drehscheiben und ein toller Klettergarten mit Hängebrücke, Balancierseil und Kletternetz darauf, von euch erkundet zu werden. Einziges Manko: Die Spielplätze liegen in der prallen Sonne, Kopfbedeckung und Sonnencreme also nicht vergessen.

Abkühlung findet man im erfrischenden Badesee, der von einer wunderschönen Holzbrücke in zwei Teile geteilt wird: den Textilbereich im Süden und den FKK-Bereich im Norden. Der Textilbereich bietet saubere Liegewiesen, einen kleinen Sandstrand, ein Buffet, Toiletten, einen Beachvolleyballplatz und vor allem viel echte Natur. Der Weikerlsee liegt nämlich direkt neben dem Natura-2000-Europaschutzgebiet Donau-Traun-Auen. Nebenan an der Donau befindet sich übrigens auch der tiefste Punkt von Linz.

Der See ist aber auch im Frühjahr einen Besuch wert. Zu dieser Jahreszeit findet man dort nämlich haufenweise frischen Bärlauch und mit etwas Glück sogar Kaulquappen.

Adresse Weikerlseestraße 73–75, 4030 Linz-Pichling // Öffis Straßenbahn 2, Haltestelle Solar City Ost, von dort 750 Meter Fußweg // Anfahrt Parkplätze beim Sportpark Pichling sowie östlich der Weikerlseen // Öffnungszeiten immer zugänglich // für jedes Alter // kostenlos, WC, kinderwagentauglich

TIPP: Unweit des kleinen Weikerlsees findet ihr den unter Naturschutz stehenden großen Weikerlsee. Ein 2,5 Kilometer langer Rundwanderweg führt durch den dschungelartigen Wald, der Lebensraum vieler seltener Tiere wie Biber und Eisvogel ist.

69_DIE MAYRWIESE

Rodeln, wo einst Skilegenden hinuntersausten

Wenn es in Linz schneit, jubeln die Kinderherzen. Dann gibt es nur eines: Schnellstmöglich ab zur nächsten Rodelwiese, bevor der Schnee wieder schmilzt! Die wohl bekannteste und auch längste Rodelstrecke in Linz ist die berühmte Mayrwiese am Pöstlingberg. Hier könnt ihr rodeln, wo einst Skilegenden von der Schanze sprangen. Bis etwa 1950 war der Pöstlingberg nämlich ein international bekannter Ort für Skirennen, es gab sogar eine Sprungschanze. Die Wettkämpfe zogen mehrere tausend Besucher an.

Die Mayrwiese liegt am Osthang des Pöstlingbergs unterhalb der freiwilligen Feuerwehr, weshalb sie oft noch mit Schnee bedeckt ist, wenn der Südhang bereits schneefrei ist. Sie bietet eine steile, über einen Kilometer lange Abfahrt runter ins Tal, immer den Kreuzweg entlang – ein richtiges Abenteuer! Gestartet wird direkt hinter dem Gebäude der Feuerwehr, die wunderschöne Pöstlingbergkirche im Rücken. Als Treffpunkt am Ende der Rodelstrecke eignet sich das Petrinum Linz.

Hinter dem Waldstreifen neben dem Autoparkplatz am Pöstlingberg liegt übrigens auch noch eine zweite, kleinere Rodelwiese als Alternative für jüngere Kinder.

Insgesamt gibt es in Linz 36 Rodelwiesen, viele davon auf Spielplätzen. Besonders empfehlenswert sind jedoch die Rodelwiesen auf den Linzer »Hausbergen« Bauernberg, Freinberg, Schlossberg und Pfenningberg, da sie mehr Schnee und steilere Pisten bieten. Viel Spaß!

Adresse Samhaberstraße 50, 4040 Linz-Pöstlingberg; alle 36 Linzer Rodelwiesen unter www.linz.at // Öffis Straßenbahn 50 (Pöstlingbergbahn), Haltestelle Pöstlingberg, von dort 280 Meter zu Fuß // Anfahrt Parkmöglichkeiten vorhanden // Öffnungszeiten immer wenn Frau Holle ihre Kissen schüttelt // ab 2 Jahre // kostenlos, WC

TIPP: Ebenfalls ein beliebter Rodelort der Linzer ist die Wiese unterhalb des Gasthauses zur Gis in Lichtenberg (Auf der Gis 1).

70_DIE OBSTBAUMGÄRTEN

Obst und Nüsse zum Selbstpflücken – gratis!

Inmitten einer Obstbaumwiese in eine selbst gepflückte, süße Marille zu beißen, umgeben vom Duft von Wiese und Blumen – was gibt es Besseres? Seit 1998 macht die Stadt Linz dieses Erlebnis auch für Stadtbewohner möglich. An fünf Standorten wurden öffentliche Obstbaumgärten gepflanzt, die dem Erhalt seltener Arten dienen. Dort darf in Haushaltsmengen gesammelt und gepflückt werden.

Der Obstbaumgarten Kampmüllerweg ist flächenmäßig der größte. Auf 11.000 Quadratmetern findet ihr hier 55 Bäume mit Kirschen, Weichseln, Marillen, Zwetschken, Pflaumen, Ringlotten, Äpfeln, Birnen, Quitten, Walnüssen und sogar Maroni! Außerdem gibt es einen Bereich mit Wildobst und eine Obststrauch-Hecke, in der ihr nicht nur Klassiker wie Haselnüsse und Holler, sondern auch exotische Früchte wie Maulbeere und Kaki sammeln könnt. Wann welche Früchte reif sind, kann man auf der Website nachlesen.

Dort gibt es auch eine interaktive Karte, in der nicht nur die fünf Obstbaumgärten, sondern über 2.000 weitere öffentliche Obstbäume in Linz eingetragen sind. Die Plattform eignet sich ideal, um im Herbst Nussbäume im näheren Umkreis ausfindig zu machen und gemeinsam sammeln zu gehen. Dabei werden Feinmotorik und Geschmackssinn geschult und Naturwissen vermittelt. Die Karte kann übrigens auch mit der App »Linz Pflückt« genutzt werden.

Adresse Obstbaumgarten Kampmüllerweg 47, 4040 Linz-Pöstlingberg, https://linz.pflueckt.at oder App »Linz Pflückt« // Öffis Straßenbahn 1, 2, Haltestelle Linz/Donau Gründberg; Postbus 252, 253, Haltestelle Pachmayrstraße, von dort circa 750 Meter zu Fuß // Anfahrt Auffahrt sehr steil, Parken entlang des unteren Kampmüllerwegs empfehlenswert // Öffnungszeiten immer zugänglich // ab 1 Jahr // kostenlos

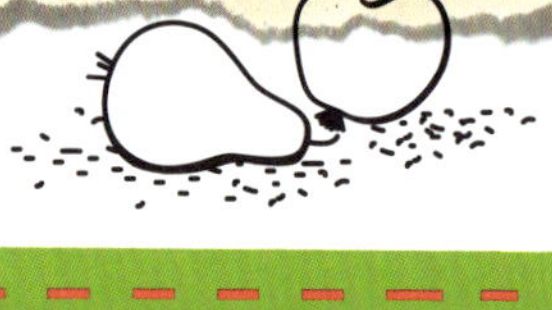

TIPP: Anschließend bietet sich ein Besuch des Kinder- und Jugendspielplatzes Enzmüllerweg an.

71_DER PÖSTLINGBERG

Rotwild beobachten und Zwerge schnäuzen

Die Grottenbahn am Pöstlingberg ist wohl das bekannteste und auch älteste Ausflugsziel für Kinder in Linz, hat dadurch aber nichts von ihrer Magie eingebüßt. Weit über 100 Jahre alt ist diese Attraktion – sie wurde im Jahr 1906 eröffnet und zieht seitdem Gäste aus aller Welt an.

Kleine und große Besucher dürfen zuerst drei Runden mit dem Drachenzug durch die Grotte fahren. Währenddessen werden die Wände der Höhle beleuchtet, die mit vielen kleinen Figuren und Szenen aus der Sagenwelt der Zwerge bestückt sind. Bei der dritten Runde spuckt der Drache sogar Rauch. Anschließend geht es – vorbei an dem berühmten kleinen Zwerg, der einen bittet, ihm die Nase zu schnäuzen – in das Untergeschoss. Dort sind lebensgroß Märchenszenen nachgestellt. Das Highlight sind die verführerischen roten Knöpfe neben jeder Szene, die Kinder dazu einladen, draufzudrücken und herauszufinden, was dann passiert.

Warum dieser Ort trotz der Bekanntheit ein echter Geheimtipp ist? Wegen des ganz besonderen, wenig bekannten und frei zugänglichen Wildgeheges direkt neben der Grottenbahn. Rundherum führt ein wunderschöner Weg mitten durch die Baumkronen. So haben selbst die Kleinsten einen tollen Blick auf die stolzen Hirsche und Rehe. Der malerische Pfad durch die Bäume eignet sich auch hervorragend für atemberaubende Fotos – sowohl bei düsterer Nebelstimmung als auch bei Schnee oder strahlendem Sonnenschein. Der Rundweg um das Gehege ist mit dem Kinderwagen befahrbar.

TIPP: Unterhalb des Pöstlingbergschlössels gibt es für ältere Kids einen tollen Waldspielplatz mit Baumhaus, Kletterwald und Hängematte. Für kleinere Kinder hingegen empfiehlt sich der Spielplatz oberhalb der Grottenbahn in der Samhaberstraße.

Adresse Am Pöstlingberg 16, 4040 Linz-Pöstlingberg // **Öffis** Straßenbahn 50 (Pöstlingbergbahn), Haltestelle Pöstlingbergschlössl // **Anfahrt** Parkplatz bei der Grottenbahn (im Navi die Adresse »Am Pöstlingberg 15« eingeben) // **Öffnungszeiten** Wildgehege immer zu besichtigen, Grottenbahn je nach Jahreszeit; aktuelle Infos unter Tel. 0732/34007506 // Grottenbahn ab 2 Jahre, Wildgehege für jedes Alter // Schlechtwettertipp, WC

72_DIE PÖSTLINGBERGBAHN

Mit der Rekordbahn zur schönsten Aussicht auf Linz

Festhalten bitte! Richtig steil bergauf geht's mit der Pöstlingbergbahn vom Linzer Hauptplatz auf den Pöstlingberg. Oben angekommen gibt es viel zu entdecken. Neben dem Wildgehege, der Grottenbahn und den zwei Spielplätzen (siehe Ort 71) lädt auch eine Aussichtsplattform mit dem schönsten Ausblick auf Linz zum Verweilen ein (Am Pöstlingberg 11).

Selbst die kleinsten Kinder fühlen sich richtig groß, wenn sie von dort aus ganz Linz überblicken dürfen. Bei klarem Wetter reicht die Sicht sogar bis zu den Alpen – sowohl am Tag als auch in der Nacht definitiv einen Ausflug wert! Gegen Münzeinwurf können die Kinder Linz durchs Fernrohr bestaunen.

Die Pöstlingbergbahn ist übrigens eine richtige Rekordbahn. Auf einer Strecke von 4,14 Kilometern überwindet sie 255 Höhenmeter. Im Jahr 1983 wurde sie deshalb sogar als steilste Adhäsionsbahn der Welt ins Guinnessbuch der Rekorde eingetragen. Auch heute noch gilt sie als eine der steilsten Reibungsbahnen weltweit. Dabei ist sie schon eine richtig alte Dame: Bereits im Jahr 1898 fuhr sie ihre erste Runde. Die heute genutzten Wagen sind allerdings Neubauten der Baujahre 2008 und 2009.

Die Original-Fahrwagen sowie ein Fahrsimulator können im Pöstlingbergbahn-Museum (Landgutstraße 19) bestaunt werden – zum Beispiel als Zwischenstopp bei der Rückfahrt vom Pöstlingberg hinunter. Der Eintritt ist gratis.

Adresse Startpunkt der Pöstlingbergbahn: Hauptplatz, 4020 Linz-Pöstlingberg; barrierefrei // **Öffis** Straßenbahn 50 (Pöstlingbergbahn), Haltestelle Pöstlingberg // **Anfahrt** Parkgarage Hauptplatz, Parkgarage Promenade beim Landestheater // **Öffnungszeiten** Fahrtzeiten Pöstlingbergbahn: Mo–Sa 6–22 Uhr, So, Feiertage 7.30–22 Uhr // für jedes Alter // Schlechtwettertipp, kinderwagentauglich

TIPP: Legt am Hinweg zur Aussichtsplattform einen Stopp beim »ZuckerMario« (Am Pöstlingberg 11) ein. Mit einem Stecken leckerer Zuckerwatte in der Hand lässt sich die Aussicht gleich doppelt so schön genießen!

73_DIE WALDSCHÄNKE

Ziegen, Wildgehege und ein Streichelzoo

Mit Kindern in einem Gasthaus essen zu gehen, das ist ja meist ein Thema für sich. Denn Stillsitzen liegt eben nur den wenigsten unserer kleinen Lieblinge. Glücklicherweise aber gibt es Gasthäuser, die nicht nur die Eltern, sondern auch die Kinder glücklich machen.

Das Gasthaus Exenschläger ist so eines – insbesondere im Sommer. Dann nämlich können die Kinder den schönen Kinderspielplatz mit Kletterbaum, Wipptieren, Schaukel und Rutsche nutzen oder von der wilden Brombeerhecke neben dem Spielplatz naschen, während die Eltern im schattigen Gastgarten sitzen. Kleine Leseratten finden direkt über dem Spielplatz ein gemütliches Schattenbänkchen unter einer schönen Eiche mit tollem Ausblick auf Linz. Auch der Wald und die wilde, idyllische Natur ringsumher laden zum Entdecken ein.

Für große Augen voller Staunen sorgt außerdem das Wildgehege mit Sikawild. Die Tiere können im Sommer am besten in den kühleren Stunden am späten Nachmittag oder am Abend auf den offenen Weiden beobachtet werden. Das Highlight aber ist der Streichelzoo mit den süßen Zwergziegen, vor allem, wenn sie gerade ganz viele kleine Zicklein haben.

Gut zu wissen: Wer mit Baby oder Kleinkind kommt, sollte vorher anrufen, um einen der zwei heiß begehrten Kinderhochstühle zu reservieren. Ein Klapp-Wickeltisch ist im Damen-WC vorhanden.

Adresse Kühreiterweg 70, 4040 Linz-Pöstlingberg, Tel. 0732/254501 // Öffis Bus 252, Haltestelle Kühlreiterweg, von dort 1,2 Kilometer zu Fuß // Anfahrt Parkplätze vorhanden // Öffnungszeiten Mi–So 11–21 Uhr // für jedes Alter // kostenpflichtig, WC, Wickeltisch, Kleinkindsessel

TIPP: Rund um das Gasthaus laden viele Waldwege zum Entdecken und Wandern ein. Wie wäre es zum Beispiel mit einem gemütlichen Spaziergang ins Tal zur Gründberg-Kapelle?

LINZ-PÖSTLINGBERG

74_DER ZOO LINZ

Der Spielplatz mit der schönsten Aussicht

Der Linzer Zoo ist ein kleiner, feiner Tiergarten, der mit günstigen Eintrittspreisen und geografischer Nähe punktet. Ideal für einen entspannten Halbtagesausflug mit Kindern. Direkt am Eingang werdet ihr von niedlichen, aufgeweckten Erdmännchen begrüßt. Über 100 Tierarten könnt ihr auf eurem Weg durch den Zoo entdecken, darunter Affen, Zebras, Kängurus, Antilopen, Strauße sowie viele heimische Tiere. Im Tropenhaus und im Haus der Artenvielfalt gibt es außerdem Fische, Reptilien und Vögel zu bestaunen.

Ein besonderes Highlight ist der große Erlebnisspielplatz mit riesigem Kriechtunnel und Klettergerüst. Gleich nebenan liegt der Haustierpark. Tiere streicheln ist hier erlaubt! Der Blick auf Linz ist außerdem atemberaubend – definitiv der Spielplatz mit der schönsten Aussicht in ganz Linz. Während die Kinder den Spielplatz erkunden, können sich die Eltern am Kiosk stärken und sich ausruhen. Ein weiterer Kindermagnet ist der Münzentrichter unweit vom Kiosk. Wer hat die schnellste Münze? Findet es heraus und lasst zwei Münzen im Trichter um die Wette rollen. Als Andenken könnt ihr euch sogar eine Münze prägen lassen.

Gut zu wissen: Zu besonderen Anlässen wie Weihnachten und St. Nikolaus werden häufig spezielle Führungen angeboten. Ein Blick auf die Website zahlt sich also aus. Besonders spannend sind die jährlichen Nachtführungen im Juli und August, bei denen ihr unter anderem Fledermäuse rufen hört.

Adresse Windflachweg 1, 4040 Linz-Pöstlingberg; großteils barrierefrei // **Öffis** Pöstlingbergbahn (Straßenbahn 50) sowie Postbus 250, 251, Haltestelle Tiergarten // **Anfahrt** Parkplätze vorhanden // **Öffnungszeiten** saisonal unterschiedlich, aktuelle Infos unter www.zoo-linz.at; freier Eintritt für Kinder unter 6 Jahren // für jedes Alter // kostenpflichtig, WC, Wickeltisch

TIPP: Ebenfalls am Pöstlingberg liegt die berühmte Pöstlingbergkirche, das Wahrzeichen von Linz, das jeder Einheimische einmal gesehen haben sollte. Sie wurde im 18. Jahrhundert erbaut und ist eine beliebte Wallfahrtskirche (Am Pöstlingberg 1).

LINZ-SPALLERHOF

75_DIE TRENDSPORTHALLE

Indoor mit Scooter, Skateboard und Co. unterwegs

Draußen regnet es, und die Kids brauchen endlich mal wieder etwas Bewegung? Dann nichts wie los zur Trendsporthalle Lissfeld! Egal, ob mit Scooter (Trittroller), Inlineskates, Skateboard oder BMX-Fahrrad: In der Trendsporthalle könnt ihr indoor durch die Gegend flitzen und euer Können unter Beweis stellen.

Die Trendsporthalle ist ein 1.000 Quadratmeter großes Areal mit Hügeln und Sprungschanzen. Damit es nicht allzu wild zugeht, gibt es separate Öffnungszeiten für die verschiedenen Fahrzeugklassen. Das Fahrzeug ist selbst mitzubringen, ein Helm ist optional. Es darf mit Straßenschuhen gefahren werden. Beim ersten Besuch müssen die Nutzungsbedingungen unterzeichnet werden, dann darf man loslegen. Altersbeschränkung gibt es für die Nutzung keine – es liegt im Ermessen der Eltern zu entscheiden, ab welchem Alter das Kind in der Halle aktiv sein darf. Die allerjüngsten Flitzer sind drei Jahre alt. Bei Schönwetter ist weniger los, das ist ideal für die Kleinsten, um die Halle einmal auszuprobieren.

Die Nutzung ist ohne Anmeldung möglich. Wie bei einem Hallenbad kann man zu den Öffnungszeiten hingehen, eine Tageskarte kaufen und die Halle dann den ganzen Tag nutzen. Die Eintrittspreise sind günstig – ein unschlagbares Preis-Leistungs-Verhältnis für einen ganzen Tag Schlechtwetterprogramm! Zuseher und Begleitpersonen dürfen gratis hinein. Von der Tribüne aus kann man die Sportler bei ihren Stunts gut beobachten, und das ist auch für kleinere Kinder spannend.

TIPP: Wer lieber an der frischen Luft skaten will, wird an der Donaulände im Skatepark Urfahr (Heilhamer Weg 2a) fündig.

Adresse Hausleitnerweg 105, 4020 Linz-Spallerhof // **Öffis** Bus 103, Haltestelle Lissfeld // **Anfahrt** Parkplätze vorhanden // **Öffnungszeiten** Mo–Fr 14–22 Uhr, Sa, So 10–22 Uhr; Sonderöffnungszeiten für verschiedene Fahrzeuge, Infos unter Tel. 0732/344251 oder www.livasport.at/trendsporthalle // ab 3 Jahre // Schlechtwettertipp, kostenpflichtig, WC

76_DER GASTHOF LÜFTNER

Der schönste Gasthof-Kinderspielplatz in ganz Linz

Restaurants mit Outdoor-Kinderspielplätzen gibt es in Linz glücklicherweise einige, dieser hier toppt aber alle. Inmitten einer großen, sicher umzäunten Wiese mit schattenspendenden Bäumen findet ihr Spielgeräte für jedes Alter.

Beim großen Kletterturm mit zwei Rutschen – eine davon ist sogar eine coole rote Röhrenrutsche – sowie beim Flying Fox kommen die älteren Kinder voll auf ihre Kosten. Kleinkinder hingegen werden die große, beschattete Sandspielkiste, die zwei Wipptiere, eine Kleinkindschaukel, eine normale Schaukel, eine Wippe, eine Kletterleiter und eine weitere, »normal große« Rutsche lieben. Sogar für Babys gibt es ein eigenes Spielelement, bei dem sie durch eine Röhre klettern und auf einer Minirutsche hinabrutschen können.

Der gesamte Spielplatz ist zudem vom großen Gastgarten aus optimal überblickbar. Unter den Schirmen und mit einem kühlen Getränk in der Hand lässt es sich hier auch bei hohen Temperaturen gut aushalten – der perfekte Ort für eine gelungene Familienfeier! Ein weiteres Highlight sind natürlich die richtig leckeren, ansprechend servierten Mahlzeiten. Besonders lustig sind die kreativen Namen der klassischen Kindergerichte: »Weiß nicht«, »Mag nix«, »Hab keinen Hunger« und »Bin schon satt« stehen zur Auswahl und zeugen von herzlicher Kinderfreundlichkeit gewürzt mit einer ordentlichen Prise Humor. Na dann: Mahlzeit!

Adresse Klausenbachstraße 18, 4040 Linz-St. Magdalena // **Öffis** Straßenbahn 1, 2, Haltestelle Ferdinand-Markl-Straße // **Anfahrt** Besucherparkplätze vorhanden // **Öffnungszeiten** Mo–Sa 11–23 Uhr, So und Feiertage 11–17 Uhr // für jedes Alter // WC, Wickeltisch, Kleinkindsessel, kinderwagentauglich, kostenpflichtig

TIPP: Weniger als 100 Meter entfernt findet ihr am Kinder- und Jugendspielplatz Kirchmühlstraße/Klausenbachstraße eine Feuerwehr-Spielanlage und einen Wasserspielbereich.

77_DAS ARS ELECTRONICA CENTER

Die verrückte Indoor-Sandkiste

Das Ars Electronica Center gehört zu den beliebtesten und bekanntesten Familien-Ausflugszielen in Linz. Trotzdem gibt es dort immer wieder Neues zu entdecken, denn die Ausstellungen und Labs werden regelmäßig umgestaltet.

So beispielsweise das Kinderforschungslabor für Kinder von vier bis acht Jahren im ersten Stock. Dort gibt es eine außergewöhnliche Sandkiste zu entdecken, die auch im Winter ohne gefühlte zehn Schichten Kleidung bespielt werden kann. Das Spannende daran ist die projizierte topografische Landkarte. Gräbt man ein Loch in den Sand, färbt sich der Sand blau wie ein See, baut man einen Hügel, wird der Sand braun. Auch das Mikroskop fasziniert Klein und Groß. Denn damit lässt sich nicht nur das bereitliegende Moos, sondern auch die eigene Hand erforschen. Wie sauber sind eure Hände wirklich? Findet es heraus!

Ebenfalls spannend für Familien sind der etwas andere Kinosaal Deep Space 8K im Erdgeschoss und die interaktiven Labs im Stockwerk -1. Die 30-minütigen Vorstellungen im Deep Space 8K sind im Ticketpreis inkludiert. Es gibt sogar eine eigene Vorstellung »Best of für Familien«, in der ihr Fische fangen und Puzzles gemeinsam zusammensetzen könnt.

Das Ticket ist 24 Stunden lang gültig. Wer das AEC am Nachmittag besucht, kann also am nächsten Vormittag wiederkommen.

Adresse Ars-Electronica-Straße 1, 4040 Linz-Urfahr; barrierefrei // Öffis Straßenbahn 1–4, Bus 33, 33a, 38, 102, Haltestelle Rudolfstraße // Anfahrt Tiefgarage Neues Rathaus oder unüberdacht am Urfahranermarktgelände (gebührenpflichtig) // Öffnungszeiten Di–Fr 13–17 Uhr, Sa, So, Feiertage 10–17 Uhr; für Kinder unter 6 Jahren Eintritt frei // ab 4 Jahre // Schlechtwettertipp, WC, Wickeltisch, kostenpflichtig, kinderwagentauglich

TIPP: Einen der schönsten Spielplätze von Linz findet ihr nur 1,2 Kilometer entfernt. Spaziert einfach am Fuß- und Radweg Richtung Osten die Donau entlang, der »Spielplatz am Damm« liegt links.

78_DER BEERENBERG

Wo du Bio-Heidelbeeren ohne Ende pflücken kannst

Erdbeerländer kennt jeder, aber kennt ihr schon den Beerenberg? Statt Erdbeeren könnt ihr dort aromatische dunkelblaue Heidelbeeren selbst pflücken – oder auch fertig gepflückt ab Hof kaufen. Der idyllische Bio-Hof, die frei laufenden Hühner, die wunderschöne Sicht auf Linz und das freundliche und entspannte Team, das wirklich mit großer Leidenschaft für »seinen Berg« brennt, machen das gemeinsame Pflücken zu einem einzigartigen Erlebnis.

Die Erntesaison beginnt je nach Wetter zwischen Juni und Juli – am besten schaut ihr vorher auf der Website oder der Facebook-Seite des Betriebs nach, ob schon gepflückt werden kann. Dann noch ein Sammelgefäß einpacken, und schon kann das große Pflücken und Naschen losgehen!

Richtig Spaß macht es auch, im Hofladen die spannenden Produktkreationen zu entdecken. Frisches Bio-Obst, Direktsäfte, außergewöhnliche Sirupkreationen, Fruchtaufstriche, Pestos, Brände und vieles mehr gibt es zu entdecken. Habt ihr beispielsweise schon einmal einen Lavendelsaft getrunken, einen Rosmarinsirup probiert oder einen Schlehdornfruchtaufstrich gegessen? Das Team vom Hof verarbeitet alles, was am Beerenberg wächst und gedeiht. »Hauptsache, es schmeckt«, lautet die Devise. Der Hofladen hat jeden Freitagnachmittag und nach telefonischer Vereinbarung geöffnet.

Im trendigen Pop-up-Café könnt ihr euch anschließend bei Kaffee und Kuchen stärken. Jeden Samstagvormittag kann hier außerdem auch gefrühstückt werden.

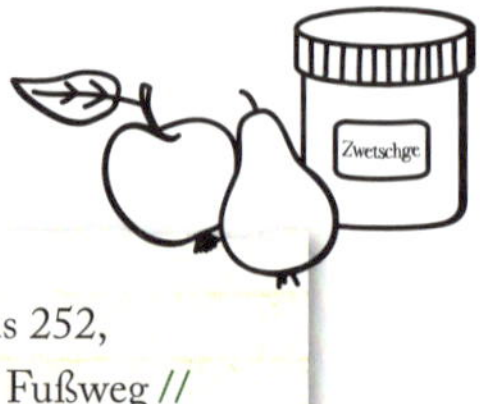

Adresse Pachmayrstraße 127, 4040 Linz-Urfahr // **Öffis** Bus 252, Haltestelle Linz/Donau Kühreiterweg, von dort 750 Meter Fußweg // **Anfahrt** Parkplätze vorhanden // **Öffnungszeiten** saisonabhängig, aktuelle Infos unter www.beerenberg.at // für jedes Alter // kostenpflichtig, WC

TIPP: Am Heimweg bietet sich ein Besuch des Spielplatzes »Am alten Feldweg« an. Dort schaukelt man an einem wunderschönen Bach auf der höchsten Schaukel von Linz.

79_DER HARBACHPARK

Der coolste Kletterbaum von Linz

Man fühlt sich wie in einem sagenumwobenen Elfenwald, wenn man durch diesen besonderen grünen Park im Süden von Linz spaziert. Unzählige Trampelpfade schlängeln sich zwischen den tief hängenden Zweigen hindurch und erzählen von den vielen Kinderfüßen, die den Park voller abenteuerlicher Entdeckerlust abseits der Schotterwege schon erkundet haben. Ein kleiner Bach windet sich durch den Park, alter Baumbestand spendet an heißen Tagen wohltuenden Schatten.

Ein Baum fasziniert besonders – ob ihr ihn wohl findet? Ihr erkennt ihn an dem eingeritzten Namen »Lena«, den wohl vor langer Zeit ein verliebter Junge dort hinterlassen hat. Es ist ein wunderschöner, mächtiger Baum, der mit seinen dicken Ästen ideal zum Klettern geeignet ist. Die Zweige hängen bis zum Boden herab, sodass eine richtige Höhle entsteht. Am Boden darunter wächst weiches Moos, auf das man sich setzen kann – als würde man in einem natürlich gewachsenen Elfenhaus sitzen.

Im Park findet ihr außerdem zwei Spielplätze mit Basketballkorb, Hangrutsche, Aussichtsturm, Korbschaukel, normaler Schaukel, Kletterwand, Riesen-Wippauto, Wasserspielplatz, Kleinkindbereich mit Stehkarussell, Kleinkindrutsche und Sandspielplatz. Auch zwei Tischtennistische sowie viele Sitzbänke und ein überdachter Sitzbereich für den Regenfall sind vorhanden. Der kleine Bach bietet sich ebenfalls wunderbar zum Spielen an. Schafft ihr es, über den Bach zu springen?

TIPP: Nördlich des Harbachparks führt ein schmaler Schotterweg durch die wunderschönen Gärten einer Kleingartenanlage. Ein toller Ort für ein Familienfoto!

Adresse Im Bachlfeld 31, 4040 Linz-Urfahr; barrierefrei // **Öffis** Straßenbahn 1, 2, Bus 38, 101, Haltestelle Harbachsiedlung // **Anfahrt** Parkmöglichkeit und WC beim Volkshaus Harbach // **Öffnungszeiten** immer zugänglich // für jedes Alter // kostenlos, WC, kinderwagentauglich

80_KIKA LINZ-URFAHR

Kostenlos spielen und preiswert essen

Ein guter und preiswerter Tipp für Regentage ist die kika-Filiale Linz-Urfahr. Denn dort gibt es neben dem Restaurant einen tollen Indoor-Spielbereich namens »Kinderclub«. Das Highlight ist die Funbox mit ihren weichen Klettermöglichkeiten und der Rutsche direkt ins Bällebad. Sie darf von Kindern zwischen vier und zehn Jahren benutzt werden. Außerdem gibt es im Kinderclub süße Wipptiere, Riesenduplosteine und Stepping Stones zum Balancieren. Somit haben auch Kinder unter vier Jahren eine Beschäftigung. Der Spielbereich ist vom Restaurant durch eine Glaswand in Tischhöhe abgetrennt und somit gut einsehbar.

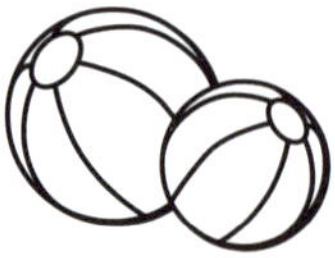

Das Restaurant selbst besticht mit preiswertem, regionalem Essen und tollen Familien-Deals. Mittags gibt es von elf bis 14 Uhr ein »All you can eat«-Buffet, pro zahlendem Erwachsenen darf ein Kind bis zehn Jahre gratis mitessen. Dieses Angebot gilt übrigens auch für alle anderen Hauptgerichte auf der Karte. Frühstücken kann man im kika-Restaurant ebenfalls – für die Kleinen wird ein eigenes Kinder-Frühstück angeboten.

Besonders süß aber ist das Kindereis »Biene Maya« mit Flügeln aus Waffeln. Auch hier gilt: Pro Erwachsenem, der ein Eis konsumiert, gibt es ein Kindereis gratis. Na, wenn das nicht preiswert ist!

Spannend für kleinere Kinder sind außerdem die Rolltreppen, die Lifte und die Kinderabteilung, während sich die Eltern bestimmt über einen Abstecher zu den Massagesesseln freuen. Also alles da für einen entspannten Familienausflug!

Adresse Freistädter Straße 91–93, 4040 Linz-Urfahr // Öffis Bus 312, Straßenbahn 1, 2 ab Linz Hauptbahnhof, Haltestelle Linke Brückenstraße // Öffnungszeiten Mo–Fr 9–18.30 Uhr, Sa 9–18 Uhr // ab 0 Jahre // Schlechtwettertipp, kostenlos, WC, Wickeltisch, Kleinkindsessel, kinderwagenfreundlich

TIPP: Kinder, die Hunde lieben, sollten anschließend einen Abstecher zum Heilhamer Park machen, denn dort befindet sich die größte Hundefreilauffläche von Linz. Sie ist mit einem Zaun eingefasst, sicheres Beobachten ist somit möglich.

81_ DIE KINDERZAUBERSHOW

Lasst euch verzaubern!

Jeden ersten Donnerstag im Monat kann man in der LentiaCity eine Kinderzaubershow erleben. Der Besuch ist ohne Anmeldung möglich und gratis! Eine tolle Gelegenheit, um sich die Kinder zu schnappen und wieder einmal aus dem Haus zu kommen.

Die Zaubershow findet von 15 bis 16 Uhr im ersten Stock nahe dem Lift statt. Am Boden liegen große Kissen für die Kinder, für die Erwachsenen sind Sitzbänke aufgestellt. Auch für Kinderwagen ist ausreichend Platz. Während sich die kleinen Zuschauer aufgeregt setzen, steht die Bühne schon bereit.

Verzaubert, unterhalten und zum Lachen gebracht werden die Kinder – und nicht selten auch die Eltern – von Zauberer Dieter, der nicht nur gut zaubern, sondern auch exzellent bauchreden kann. Genau genommen brauchte sogar ich als Erwachsene die halbe Show, um zu merken, dass die Stimme des Hasen nicht von einer vorbereiteten CD, sondern vom Zauberer selbst stammt! Wirklich bemerkenswert. Dieter »zaubert« aber auch seit 25 Jahren und ist somit ein echter Profi. 2008 gewann er sogar den ersten Preis für »Kinderzauberei« im Wettbewerb des Österreichischen Magierkongresses. Jedes Monat wird übrigens eine andere Show gespielt – langweilig wird es also bestimmt nicht.

Challenge: Habt ihr den Mut, euch als freiwillige Helfer zu melden? Viel Spaß beim Zaubern, Zusehen und Verzaubertwerden!

Adresse Hauptstraße 54, 4040 Linz-Urfahr; barrierefrei // Öffis Straßenbahn 3, Haltestelle Biegung; Bus 33, 38, 102, Haltestelle Knabenseminarstraße // Anfahrt Parkgarage LentiaCity, 2 Stunden gratis // Öffnungszeiten jeden 1. Do im Monat um 15 Uhr // ab 2 Jahre // Schlechtwettertipp, kostenlos, WC, Wickeltisch, Stillraum, kinderwagentauglich

TIPP: In der LentiaCity gibt es einen tollen Eltern-Kind-Raum zum Wickeln und Stillen mit Waschbecken, Wickelplatz, Mikrowelle, Couch und Spielsachen. Den Schlüssel bekommt man gegen Pfand bei der Information.

82_DER STADT-WANDERWEG 7

Entdecke die höchste Schaukel von Linz

Sie überraschen mit wilder Natur, spannenden Streckenhighlights und atemberaubenden Aussichten: die Linzer Stadtwanderwege. Richtig viele Besonderheiten für Familien bietet der Stadtwanderweg 7 von Gründberg bis St. Magdalena (nicht kinderwagentauglich). Eine genaue Streckenbeschreibung findet ihr auf der Website von Linz Tourismus. Der Wanderweg ist neun Kilometer lang und überwindet 250 Höhenmeter. Ihr solltet für die Wanderung etwa dreieinhalb Stunden einplanen. Der Weg beginnt bei der Straßenbahnhaltestelle Harbachsiedlung und führt bereits nach einem Kilometer zum ersten Highlight: dem Spielplatz am alten Feldweg mit der höchsten Schaukel von Linz. Das Gerüst der Riesenpendelschaukel ist ganze neun Meter hoch.

Challenge: Traut ihr euch, damit zu schaukeln? Das ist nämlich gar nicht so einfach! Übrigens: Bei den Holzstufen könnt ihr bei Sonnenschein oft Eidechsen beobachten.

Zweites Highlight ist das Gasthaus Exenschläger mit einem Wildgehege und einem Streichelzoo mit süßen Zwergziegen (siehe Ort 73). Über einen Schotterweg geht es anschließend bergab, an kleinen Wasserfällen vorbei. In St. Magdalena angekommen, wandert man auf der Trasse der ehemaligen Pferdeeisenbahnstrecke Linz–Budweis weiter. Ein Spielplatz und alte Steinbrücken laden entlang des Weges zum Entdecken ein. Nach einem kurzen Abstieg endet der Stadtwanderweg bei der Universität. Mit der Straßenbahn fährt man zurück zum Ausgangsort.

TIPP: Eine Wanderkarte mit allen neun Stadtwanderwegen ist in der Tourist-Info am Hauptplatz Linz kostenlos erhältlich.

Adresse Leonfeldner Straße, 4040 Linz-Urfahr, www.linztourismus.at // **Öffis** Straßenbahn 1, 2, Haltestelle Harbachsiedlung // **Anfahrt** Parkplätze beim Volkshaus Harbach // ab 6 Jahre // kostenlos, WC

LINZERBERG

83_DER STREICHELZOO

Wo Tiere und Menschen sein dürfen, wie sie sind

Der Streichelzoo der Diakonie Linzerberg ist ein ganz besonderer Ort. Er bietet Menschen mit Beeinträchtigung eine sinnvolle Beschäftigung und schafft zugleich die Möglichkeit der Begegnung. Beschäftigte, Besucher und Kinder dürfen hier voneinander und

durch die Tiere lernen, die Bedürfnisse anderer wahrzunehmen und zu respektieren. Eine unglaublich tolle Idee!

Pferde, Ponys, Esel, Schafe, Ziegen, Schweine, Hühner und Kaninchen haben hier in artgerecht gestalteten Ställen und auf Weiden ihr Zuhause gefunden und dürfen gestreichelt und gefüttert werden. Eine Ausnahme sind Pferde, Ponys und Esel – diese bitte nicht füttern. Gefüttert werden darf mit mitgebrachtem Salat, Karotten und Äpfeln. Brot bitte nicht selbst verfüttern, sondern in die Brotbox geben. Praktisch ist auch, dass die Ställe frei zugänglich sind und der Streichelzoo-Besuch somit nicht wetterabhängig ist. Der Kaninchenstall darf zum Streicheln und Füttern der wunderbar flauschigen Tiere sogar betreten werden. Bitte leise sprechen und ruhig bewegen, damit die Kaninchen nicht erschrecken.

Weitere kostenlose integrative Angebote sind Schafescheren, Ponywandern und Ponyreiten. So können auch finanziell benachteiligte Kinder einmal auf dem Ponyrücken sitzen! Details können per E-Mail erfragt werden. Außerdem gibt es eine Sandkiste mit Spielzeug und im Sommer ein kleines Buffet mit schöner Aussicht auf Linz. Ein toller Ort, um zu verweilen und entspannt ein Eis zu genießen.

Adresse Linzerberg 9–17, 4209 Linzerberg, streichelzoo.erle@diakoniewerk.at; barrierefrei // Öffis Bus 312, 314 ab Linz Hauptbahnhof, Haltestelle Schweinbach B125/Abzweigung Ort, von dort 1 Kilometer Fußweg // Anfahrt 20 Minuten ab Linz Hauptbahnhof, über A7, Ausfahrt 22 Gallneukirchen, dann auf Freistädter Straße, links auf Linzerberg, Parkplätze vorhanden // Öffnungszeiten täglich 9–18 Uhr, Buffet im Sommer Mo–Fr 13–15.30 Uhr // ab 1 Jahr // Schlechtwettertipp, kostenlos, kinderwagentauglich, WC

TIPP: Nur 3,6 Kilometer entfernt liegt das Schloss Riedegg mit schöner Burgruine und dem 3-D-Bogenparcours der TBA Treffling. Ab Gallneukirchen ist eine Rundwanderung möglich.

84_DER PASSAUERHOF

Königliche Kirschen zum Selbstpflücken

Ein richtiger Geheimtipp zum Sammeln großer, süßer Kirschen ist der Passauerhof in Lohnharting. Statt Erdbeeren können dort Kirschen und Weichseln selbst geerntet werden – ein wahrer Festschmaus für Kinder! Die Kirschbäume sind niedrig, sodass auch Kinder gut an die Früchte kommen. Die Sorte Regina trägt ihren Namen, der »Königin« bedeutet, jedenfalls völlig zu Recht: Groß, rund, saftig und süß sind die Kirschen, einfach ein Genuss! Erntezeit ist meist im Juni, wann genau die Kirschen reif sind, hängt allerdings vom Wetter ab.

Aber wie pflückt man Kirschen nun richtig – mit Stiel oder ohne? Für den Baum ist das Pflücken ohne Stiel am schonendsten, mit Stiel bleiben die Kirschen jedoch länger frisch. Wichtig ist vor allem, dass man kein Astholz mit abknickt, denn daran befinden sich bereits die Fruchtansätze für das kommende Jahr. Bester Pflückzeitpunkt ist der Vormittag. Sammelgefäße können selbst mitgebracht oder ausgeborgt werden. Kartons zum Transportieren der Kirschen kann man bei Bedarf erwerben. Die Preise für die Kirschen variieren je nach gepflückter Menge, bei großer Menge ist der Preis am günstigsten.

Zu Hause sollten die Kirschen flach nebeneinander ausgelegt und mit Stiel im Kühlschrank gelagert werden. Was nicht bald verarbeitet wird, kann ohne Stiel eingefroren werden. Ein paar Verarbeitungsideen: Kirschkuchen, Kirschkompott, Kaiserschmarrn mit Kirschen. Im Hofladen findet ihr übrigens zu jeder Jahreszeit noch viele weitere Köstlichkeiten.

TIPP: Nur etwa drei Autominuten und einen kleinen Fußmarsch entfernt findet ihr auf einem Hügel die berühmte »Tausendjährige Linde« von Schönering mit Ausblick bis zu den Alpen. Geparkt werden kann beim Peherstorfer Reiterhof in der Winkelnstraße 13.

Adresse Lohnharting 4, 4073 Lohnharting // Anfahrt 15 Minuten ab Linz Hauptbahnhof, über Ruflingerstraße bis Lohnharting, Parkplätze vorhanden // Öffnungszeiten Di–Sa 8–12.30 und 13.30–19 Uhr, Erntezeitpunkt wetterabhängig, aktuelle Infos auf www.passauerhof-hofladen.at // ab 1 Jahr // kostenpflichtig, WC

85_DER AUSEE

Der vielseitigste Badesee rund um Linz

Diesen See muss man einfach besucht haben. Der Grund: das wunderschöne klare Wasser, das dank eines offenen Abflusses selbst im Spätsommer nicht kippt und für ungetrübten Badegenuss sorgt! Dafür ist der Ausee auch der einzige kostenpflichtige See in der direkten Umgebung von Linz. Der Eintritt ist jedoch günstig und ab 17.30 Uhr ermäßigt.

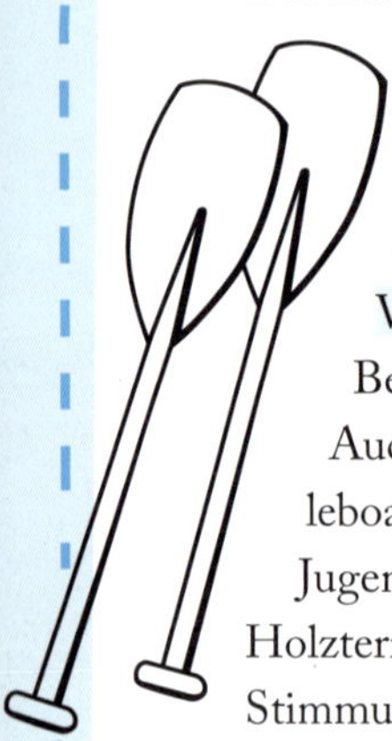

Mit seinen 23 Hektar Fläche bietet der See ausreichend Platz für jede Art von Badegast. Familien mit Babys und Kleinkindern fühlen sich besonders am Sandstrand mit Kinderspielplatz wohl. Ältere Kinder kommen bei der Kinder-Wasserrutsche am Lindenhügel, den Pingpong-Tischen, dem Beachvolleyballplatz und dem Sprungturm auf ihre Kosten. Auch Trampoline, ein Aquapark, Tretboote und Stand-up-Paddleboards stehen zur Nutzung bereit, sind allerdings kostenpflichtig. Jugendliche und junge Erwachsene sind meist auf den hippen Holzterrassen beim Wakeboard-Lift anzutreffen, wo coole Musik für Stimmung sorgt. Großfamilien hingegen halten sich oft am Grillplatz auf. Aber auch Gäste, die eine ruhige Badeatmosphäre schätzen, werden hier fündig – der ganze westliche Teil des Sees hinter der Insel ist wunderbar ruhig. Ihr seht, es ist wirklich für jeden etwas dabei.

Ergänzt wird das riesige Angebot durch eine gute Infrastruktur: saubere, große Liegewiesen mit ausreichend Schatten, Umkleidekabinen, WCs und mehrere Verköstigungsmöglichkeiten.

Adresse Auseestraße, 4481 Luftenberg an der Donau // Anfahrt 20 Minuten ab Linz, B1 bis Asten, im Kreisverkehr 1. Ausfahrt auf Umfahrung Asten/Enns, dann links auf Ipfstraße und Fischinger Straße, dieser bis Auseestraße folgen, kostenpflichtiger Parkplatz vorhanden, Gratis-Parkplätze vor den Haupteingangs-Schranken // Öffnungszeiten Saison wetterabhängig Mai–Okt., Einlass 8–20 Uhr, Ausfahrt bis 21.30 Uhr // für jedes Alter, Wasserrutsche 4–12 Jahre, Aquapark ab 6 Jahre // kostenpflichtig, WC, kinderwagentauglich

TIPP: Der Donauradweg führt direkt am Ausee vorbei. So könnt ihr ihn ganz umweltfreundlich erreichen.

86_DAS KELTENDORF

Wie Menschen vor 2.700 Jahren lebten

Wie fühlte es sich wohl an, in einem Holzhaus zu wohnen, jeden Tag am Lagerfeuer zu kochen und auf Schaffellen zu schlafen? Das und vieles mehr könnt ihr im Keltendorf Mitterkirchen erfahren und hautnah erleben. Beim Spazieren durch die authentisch nachgebaute Siedlung entdeckt ihr, wie unsere Vorfahren in dieser Gegend gelebt haben. Nehmt beim Eingang unbedingt den kostenlosen Führungstext mit, er ist lesenswert. Außerdem gibt es viele coole Sachen zum Ausprobieren: Baut ein Blockhaus ganz ohne Nägel und Schrauben, erstellt euren eigenen Keltenschmuck oder probiert euch im Weben! Zusätzlich werden regelmäßig interessante Workshops angeboten.

Challenge: Wie viele Minuten braucht ihr, um das Blockhaus aus den bereitliegenden Teilen zusammenzubauen?

Das Keltendorf Mitterkirchen hat eine spannende Entstehungsgeschichte. Der Grundbesitzer Josef Dirneder fand auf seinem Feld einen ungewöhnlichen bronzenen Hohlring. Daraufhin veranlasste das Oberösterreichische Landesmuseum Ausgrabungen. Von 1981 bis 1990 wurden dann tatsächlich über 50 Grabhügel, 80 Bestattungen und mehr als 900 Grabbeigaben freigelegt. Um diesem besonderen Erbe gerecht zu werden, wurde das Keltendorf errichtet.

Jedes Jahr in der ersten Septemberwoche findet übrigens ein großes Keltenfest statt. Dort könnt ihr authentisch verkleideten »Kelten« begegnen und die keltische Welt von Tanz und Musik über Speisen bis hin zu typischem Handwerk erleben. Vielfältiges Kinderprogramm inklusive!

TIPP: Im Sommer zahlt sich ein Abstecher zum nur wenige Autominuten entfernten Badesee Mitterkirchen mit seinem wunderbar klaren Wasser aus, im Winter lockt die Vitalwelt Perg mit einem familienfreundlichen Erlebnisbad.

Adresse Lehen 12, 4343 Mitterkirchen im Machland // **Öffis** Bus E389 ab Haltestelle Linz/Donau voestalpine/Kokerei, Haltestelle Mitterkirchen im Machland Labing (Direktverbindung), von dort circa 1 Kilometer Fußweg // **Anfahrt** 40 Minuten ab Linz Hauptbahnhof, B3 bis Baumgartenberg nehmen, der Baumgartenstraße und Machlandstraße folgen, Ziel rechts, Parkplätze vorhanden // **Öffnungszeiten** 15. April – 31. Okt. täglich 9 – 17 Uhr // ab 3 Jahre // WC, kostenpflichtig, kinderwagenfreundlich

87_DER LOLLIPARK

Riesiger Indoorspielplatz mit Kleinkind-Bereich

Egal, ob draußen die Sonne vom Himmel brennt oder Regen aus den Wolken fällt – im LolliPark Pasching können sich Kinder von ein bis zwölf Jahren bei jedem Wetter nach Lust und Laune austoben. Auf dem 2.500 Quadratmeter großen Gelände steht so ziemlich alles bereit, was das Kinderherz begehrt: ein riesiger Klettervulkan mit angrenzendem vierstöckigen Klettergerüst, vier Rutschen, ein fünf Meter langer Riesen-Wuzeltisch für 22 Personen, Trampoline, eine Laufradbahn, eine Elektro-Kartbahn, ein Piratenschiff, eine Burg, eine elektrische Eisenbahn, aufblasbare Hüpfburgen und ein Kleinkindbereich mit Bällebad, Riesenduplo und Mini-Trampolinen.

Das große Angebot hat zwar seinen Preis, das Geld ist aber definitiv gut investiert. Denn die unbändige Freude der Kinder, die man dafür erlebt, ist unbezahlbar! Ab 17 Uhr gibt es zudem vergünstigte Abendtickets. Für Kindergeburtstagsfeiern stehen separate Räume zur Verfügung. Die Konsumation von selbst mitgebrachtem Essen und Trinken ist nicht erlaubt, für das leibliche Wohl sorgen aber das angrenzende Restaurant mit Blick auf den Indoor-Spielbereich und ein Snackautomat. Nicht im Eintrittspreis enthalten sind die kleinen elektrischen Fahrzeuge, also am besten ein paar Münzen einstecken.

Gut zu wissen: Es herrscht Sockenpflicht. Für Kinderwagen stehen Abstellplätze bereit. Neben sauberen WCs mit Wickeltisch gibt es auch einen tollen Stillraum.

Adresse Tennispointstraße 1, 4061 Pasching // Öffis Straßenbahn 3, 4, Haltestelle Plus City, von dort 500 Meter Fußweg // Anfahrt 15 Minuten ab Linz Hauptbahnhof, über B139 bis Leonding, bei Umfahrung Doppl links auf Welser Straße abbiegen, dann rechts auf Peintner Straße/Plus-Kauf-Straße, im Kreisverkehr 1. Ausfahrt auf Tennispointstraße, Parkplätze vorhanden // Öffnungszeiten Mo–Fr 13–19 Uhr, Sa, So, Feiertage und Schulferien 10–19 Uhr // 1–12 Jahre // Schlechtwettertipp, kostenpflichtig, Stillmöglichkeit, WC, Wickeltisch

TIPP: Gleich nebenan liegen der größte Lasersportpark Europas und eine Trampolinhalle. Dort können sich auch Kinder über zwölf Jahren so richtig austoben (www.lasersport.at, www.lollipark.at/jump).

88_DER RUNDWEG NATUR-ERLEBENSRÄUME

Wandern zum Waldbad Perg

Noch weitgehend unbekannt und damit ein echter Geheimtipp ist der wunderschöne Rundweg Natur-Erlebensräume in Perg. Er ist etwa drei Kilometer lang und verbindet die schönsten Naturplätze der Stadt Perg. Drei Spielplätze, eine Naschecke, ein Aussichtspunkt, eine Erdwohnung, die noch bis nach dem Zweiten Weltkrieg bewohnt wurde, das Steinbrecherhaus, das vom Beruf des Müllers erzählt, und viele spannende Infotafeln sind die Highlights.

Eine Wanderkarte kann auf der Website der Stadt Perg heruntergeladen werden. Der Weg führt großteils über Schotterwege, oft auch überraschend wild durch dichten Wald. Dabei geht es einige Male bergauf und bergab, die Höhendifferenz beträgt jedoch nur 50 Meter. Die Wanderung ist damit wunderbar für Familien geeignet, auch mit kleinen Kindern ab circa drei Jahren. Kinderwagentauglich ist der Weg nicht, da es mehrmals Stufen zu überwinden gilt.

Badesachen und Handtuch nicht vergessen, denn die letzte Station des Rundwegs ist das kostenlose Waldbad Perg. Dort können sich die erschöpften Wanderer bei einem Bad im Fluss erfrischen, im Café stärken oder den großen Wasserspielplatz erkunden. Eine Besonderheit: Das Wasser kann wahlweise durch Treten auf einem Fahrrad, Betätigen einer Handpumpe oder Drücken eines Knopfes per Elektropumpe aus dem Fluss hochgepumpt werden. Auch ein WC, Duschen, ein kleiner Spielplatz und ein Volleyballplatz stehen zur Verfügung.

TIPP: Wer einmal einen Erdstall von innen erleben möchte, kann im Zuge einer Führung den längsten begehbaren Erdstall Oberösterreichs namens »Ratgöbluckn« besichtigen (Kontakt: Heimat- und Museumsverein Perg, Telefon 0650/5427786).

Adresse Hauptplatz, 4320 Perg, www.perg.at // **Öffis** S1 ab Linz Hauptbahnhof bis St. Nikola-Struden Bahnhof, anschließend R1 bis Perg Bahnhof, dann 750 Meter Fußweg // **Anfahrt** 30 Minuten ab Linz Hauptbahnhof, über die B3, beim Technologiepark Mauthausen links auf die B3c abbiegen und bis Perg fahren, Parkmöglichkeiten in der Kurzparkzone im Stadtzentrum, 2 Stunden gratis // **Öffnungszeiten** Wanderweg ganzjährig zugänglich, Waldbad mit WC Mai–Sept. // ab 2 Jahre // kostenlos, WC

89_DER WASSERERLEBNISPARK

Ein Paradies für Wassernixen und Feuerwehrfans

Das perfekte Ausflugsziel für heiße Sommertage! Der Wassererlebnispark Bruckmühle bietet Babys wie Kindern alles, was das Herz begehrt. 15 mit viel Liebe und Kreativität angelegte Stationen laden zum Spielen und Entdecken ein.

Ein besonderes Highlight ist der Holz-Feuerwehrwagen mit funktionsfähiger Wasserspritze. Aber auch der große Sand-Matsch-Bereich und die Flussbademöglichkeit sind super. Das Wasser für den Erlebnispark wird aus der Feldaist gepumpt, fließt oben am Hang aus einem lustigen Steinkopf namens »Aisti«, dann durch alle Stationen hindurch und wird unten wieder der Aist zugeführt. Neben den Wasserspielstationen gibt es auch Schaukeln, Balanciermöglichkeiten, eine Slackline und ein Gerüst, an dem man sich entlanghangeln kann wie Tarzan. Weitere Attraktionen sind die Hängematte, das Tierspurenrätsel, eine Naschecke und eine richtig lange Kugelbahn. Die Kugel dafür kann oben am Startplatz an einem Automaten gekauft werden. Der Automat nimmt nur Münzen an, eine Holzkugel kostet zwei Euro.

TIPP: Im Gasthaus Bruckmühle könnt ihr euch bei einem bodenständigen Mittagessen und einem leckeren Dessert stärken. Für den kleinen Hunger ist der Bruckmühletoast zu empfehlen, außerdem stehen vier Kindergerichte zur Auswahl.

Der Park ist an einem Hang angelegt, viele Bäume spenden angenehmen Schatten. Sitzbänke, Tische, ein Trinkwasserbrunnen sowie ein mobiles WC runden das tolle Angebot ab. Der Wassererlebnispark wurde 2017 errichtet. Der Eintritt ist kostenlos, was nur dank der unermüdlichen Arbeit der elf beteiligten Vereine und vieler freiwilliger Mitarbeiter möglich ist. Vielen Dank dafür!

Adresse Zugang beim Gasthaus Bruckmühle, Bahnhofstraße 12, 4230 Pregarten, www.facebook.com/WassererlebnisparkBruckmuehle // **Öffis** Bus 311 oder Zug S3 ab Linz Hauptbahnhof, Haltestelle Pregarten Bahnhof, von dort 450 Meter Fußweg // **Anfahrt** 25 Minuten ab Linz Hauptbahnhof, über A7, Ausfahrt 1 Unterweitersdorf, dann der B124 bis Pregarten folgen, links auf Bahnhofstraße, Ziel links, Parkplätze vorhanden // **Öffnungszeiten** Erlebnispark inklusive Holzkugelbahn ganzjährig in Betrieb, Wasser Mai–Sept. // für jedes Alter // kostenlos, WC

90_DER NATURPARK MÜHLVIERTEL

Der mysteriöse Stein, den niemand umwerfen konnte

Er ist uralt, sechs Meter lang und tonnenschwer: der Schwammerling, Naturdenkmal und Wahrzeichen des Naturparks Mühlviertel. Die ungewöhnliche Form des Wackelsteins ist durch eine spezielle Art der Verwitterung, die sogenannte »Wollsackverwitterung«, entstanden. Einer Sage nach versuchten französische Soldaten während der Napoleonischen Kriege um 1800, den riesigen Granitblock mit Hilfe von Seilen und Pferden umzukippen, schafften es aber nicht. Traut ihr euch, den Schwammerlstein gemeinsam zu schubsen, so fest ihr könnt?

Zum Schwammerling gelangt ihr zu Fuß vom Dorfplatz Rechberg über den Wanderweg 2. Der Rundweg ist vier Kilometer lang. Ein öffentliches WC findet ihr zu Beginn des Weges in der Kinderdorfstraße.

Auch mit dem Auto ist der Schwammerlstein gut erreichbar. Beim Biohof Schmiedberger in der Straße »Schwammerling« beginnt der etwa 50 Meter kurze Fußweg zum Wahrzeichen. Im Hofladen könnt ihr übrigens regionale Produkte in Bio-Qualität wie zum Beispiel den leckeren Melisse-Schafgarbe-Sirup erwerben.

Der Naturpark Mühlviertel ist ein 1.046 Hektar großes, seit 1996 geschütztes Gebiet, das vier Gemeinden umfasst: Allerheiligen, Bad Zell, Rechberg und St. Thomas am Blasenstein. Er ist ein wertvoller Lebensraum für seltene Tiere und Pflanzen wie zum Beispiel den Schwalbenschwanz oder die Flussperlmuschel. 29 gut ausgewiesene Wanderwege laden zum Entdecken ein. Besonders cool: die vielen Workshops und Natur-Erlebnisführungen, die gebucht werden können.

TIPP: Lustig anzusehen ist auch der sogenannte Elefantenstein. Erkennt ihr den großen Elefanten? Ihr findet das zehn Meter hohe Naturdenkmal etwa zwei Kilometer entfernt in Puchberg (Puchberg 13).

Adresse Naturpark-Büro am Dorfplatz, Rechberg 9, 4324 Rechberg, www.naturpark-muehlviertel.at // **Anfahrt** 40 Minuten ab Linz Hauptbahnhof, über A7 Richtung Freistadt und B124 bis Perger Straße, dann Rechberger Straße bis Rechberg, kostenlose Parkmöglichkeiten am Schotterparkplatz im Ortszentrum // **Öffnungszeiten** immer zugänglich // ab circa 3 Jahre // kostenlos, WC

91_ DAS HAIDER WEIHNACHTSHAUS

Das Glitzerhaus von Niederzirking

Ein Haus wie im Märchen erstrahlt über der Straße, geschmückt mit unzähligen Lichterketten und Lichtfiguren. Ein besonderer Anblick, perfekt für einen wohlig-warmen Ausflug mit dem Auto. Eine Kanne Kinderpunsch und Lebkuchen einpacken, und los geht's!

Jedes Jahr im Advent leuchtet das Haus von Erich und Anna Haider aus Niederzirking, von den Einheimischen liebevoll »Glitzerhaus« genannt, in heller Pracht und zieht damit viele kleine und große Besucher an. Manchmal fährt sogar der Postbus extra langsam daran vorbei, damit seine Fahrgäste das geschmückte Haus bewundern können.

Vor über 20 Jahren haben Erich Haider und seine Frau mit dem Schmücken begonnen, von Jahr zu Jahr ist der Weihnachtsschmuck mehr geworden. Das Paar hat einfach Freude daran. Vier bis fünf Wochen arbeiten sie jährlich mit vielen Freiwilligen daran, die Beleuchtung anzubringen. Die Herausforderung dabei: alle Kabel so zu verlegen, dass kein Kurzschluss entsteht. Über 200 Steckdosen und zig Verteiler sowie ein Baustromkasten sind dafür nötig. Erstmals eingeschaltet werden die Lichter am Freitag vor dem ersten Adventssonntag. Mittlerweile ist eine richtige Einschalt-Party entstanden, so viele Nachbarn kommen, um zuzusehen.

Besonders cool: Das Begehen des Gartens ist erlaubt. So können die Kinder die leuchtenden Figuren ganz aus der Nähe bestaunen. Frohe Weihnachten!

Adresse Niederzirking 19, 4312 Ried in der Riedmark // **Öffis** Regionalexpress nach Mauthausen, dann Bus 350 Richtung Pregarten, Haltestelle Nierderzirking B123 // **Anfahrt** 25 Minuten ab Linz Hauptbahnhof, B3 bis Mauthausen, dann links auf B123, Parkmöglichkeiten bei der Wallfahrtskirche Mariä Himmelfahrt // **Öffnungszeiten** Beleuchtung: Fr vor dem 1. Advent bis So nach Dreikönig täglich 16.30–20 Uhr // für jedes Alter // kostenlos, kinderwagentauglich

TIPP: Kommt etwas früher und kombiniert den Ausflug mit einem Abstecher zum Aussichtspunkt bei der Marbacher Linde, um dort den Sonnenuntergang zu beobachten. Der Aufgang ist vom Wiesenweg oder vom Gusenbauerweg aus möglich.

92_DIE VILLA SINNENREICH

Das Museum mit den essbaren Eintrittskarten

Klein, aber oho – diese Villa in Rohrbach hat es in sich! Sie beherbergt ein Museum der Wahrnehmung mit über 50 von Künstlern gestalteten Stationen auf 400 Quadratmetern Ausstellungsfläche. Anders als der Name vermuten lässt, ist der Eintritt vergleichsweise günstig. Kombiniert mit dem großen tollen Spielplatz, einigen frei zugänglichen Outdoor-Sinnesstationen und einem sechs Kilometer langen, nicht kinderwagentauglichen Weg der Sinne ist sie definitiv die Anfahrt von Linz wert.

Dabei werden im Museum wirklich alle Sinne angesprochen, die Leidenschaft für das Thema ist in vielen Details spürbar. Schon vor dem Eingang der Villa begrüßen euch frei zugängliche Sinnesstationen. Ein Brummstein und die klingenden Steine, auf denen musiziert werden kann, stimmen die Ohren auf das Sinneserlebnis ein. Bei der Kassa erhaltet ihr dann eure essbaren Eintrittskarten. Ob sie euch wohl schmecken?

Durch die Villa bewegt ihr euch auf einem Rundgang. Nehmt euch Zeit, die Schilder zu lesen – es gibt viel Spannendes zu erfahren. Ehrenamtliche Begleitung wird ebenfalls angeboten, bitte vorab reservieren. Besondere Highlights der Ausstellung: das begehbare Kaleidoskop, das Spiegel-Oktogon und die faszinierende Plasmakugel, in der ihr mit euren Händen Blitze erzeugen könnt! Am Ende des Rundwegs laden ein Tisch mit einer kunterbunten Mischung an Spielsachen und der Museumsshop mit spannenden Kleinigkeiten zum Verweilen ein.

Adresse Bahnhofstraße 19, 4150 Rohrbach // Anfahrt 45 Minuten ab Linz Hauptbahnhof, B127 Richtung Rohrbach bis Linzer Straße, dieser zum Stadtplatz folgen, dann in die Bahnhofstraße, Parkplätze vorhanden // Öffnungszeiten Di–Sa 10–16 Uhr, So, Feiertage 13–18 Uhr, freier Eintritt für Kinder unter 6 Jahren // ab 2 Jahre // Schlechtwettertipp, kostenpflichtig, WC, Wickeltisch, kinderwagentauglich

TIPP: Der Besuch hat länger gedauert als gedacht, und der Magen knurrt bereits? Gut essen in einer familienfreundlichen Umgebung könnt ihr beim Leibetseder am Stadtplatz 27.

93_DER TRAUNFALL

Kurze Rundwanderung mit atemberaubender Aussicht

Klares blaues Wasser wie in der Karibik, faszinierende Felsen und ein zwölf Meter hoher und 200 Meter breiter Wasserfall – das ist der Traunfall. Er eignet sich wunderbar für einen kurzen Familienausflug bei Sonnenschein. Der Wasserfall liegt nur wenige Meter von der Straße entfernt und kann daher mit Kindern jeden Alters besucht werden. Der Weg ist nicht kinderwagentauglich, gutes Schuhwerk ist empfehlenswert. Mit älteren Kindern ist der Wasserfall auch im Winter einen Besuch wert, denn bei Minusgraden gefriert das herabfallende Wasser zu eindrucksvollen Eissäulen.

Zum Wasserfall klettern darf man leider nicht, der Anblick ist aber auch vom Weg aus atemberaubend. Geht man weiter den Fluss entlang, so gelangt man zu einer Holzbrücke, durch die sich eine etwa einen Kilometer lange Rundwandermöglichkeit ergibt.

Der Traunfall war schon Ende des 19. Jahrhunderts ein beliebtes Ausflugsziel. Wegen seiner Höhe war er lange Zeit eine Herausforderung für den Schiffsverkehr. 1311 wurden erstmals bauliche Maßnahmen durchgeführt, um ihn schiffbar zu machen. 1900 wurde das Kraftwerk Traunfall errichtet.

Geparkt werden kann westlich der Traunfallbrücke beim kleinen Parkplatz Traunfall oder östlich der Brücke beim Fisch Hager. Er ist berühmt für seinen Räucherfisch und hat auch einen Waldspielplatz für Kinder zu bieten.

Adresse Traunfall 8, 4661 Roitham // **Öffis** S2, Haltestelle Lambach, dann Bus 505, Haltestelle Roitham am Traunfall Traunfallbrücke // **Anfahrt** 40 Minuten ab Linz Hauptbahnhof, A7 Richtung Wien/Salzburg, beim Knoten Linz auf A1 Richtung Salzburg/Graz fahren, Ausfahrt 216 Laakirchen-West, dann Gmundener Straße/B144, Parkmöglichkeiten bei Traunfall 8 in Roitham oder Viecht 45 in Viecht // **Öffnungszeiten** Wasserfall ganzjährig, Fisch Hager eine Woche vor Ostern – 26. Okt. Mo – So 7.30 – 18 Uhr // für jedes Alter // kostenlos

TIPP: Das Schwimmen im Fluss ist wegen des nahen Kraftwerks verboten, geführte Tauch- und Schnorchelgänge sind aber möglich. Es gibt zwei Tauchschulen (Infos unter www.flusstauchen.at und www.traunfall.com).

94_DAS FAMILIENSKIGEBIET

Gratis-Rodeln im weißen Märchenland

»I'm dreaming of a white christmas, just like the ones I used to know …«, schrieb Komponist Irving Berlin schon in den 1940er Jahren – heute ein bekannter Weihnachtshit. Auch in Linz bleibt der weiße Winter leider meist ein Traum. Gott sei Dank gibt es die kleinen, aber feinen Skigebiete im Mühlviertel. Ein besonderer Tipp ist das Familienskigebiet Viehberg bei Sandl, denn dort darf man gratis rodeln! Die Rodelwiese ist steil genug für eine flotte Abfahrt. Ist der Skilift nicht in Betrieb, darf auch auf den Abfahrten gerodelt werden.

Zum Skifahren laden zwei Schlepplifte, drei blaue Abfahrten, eine Rennstrecke mit automatischer Zeitmessung und ein Kinderland mit Zauberteppich ein. Der Schneeberg im Kinderland ist ein beliebter Kletterort für kleine Abenteurer. Direkt neben dem Skigebiet finden sich auch Langlaufloipen, ein Winterwanderweg und eine Ski- und Snowboardschule.

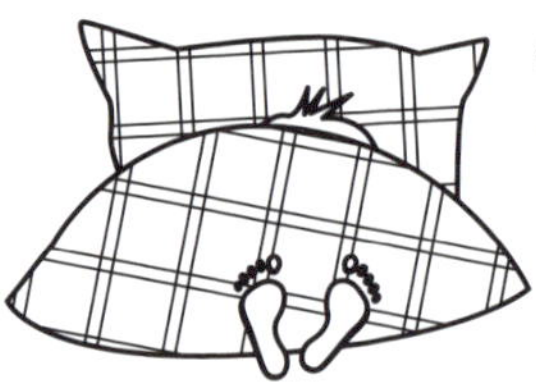

Bei Liftbetrieb bietet die Viehberghütte eine willkommene Gelegenheit für eine kleine Stärkung. Außerdem können dort Bobs und Rodel ausgeliehen oder Zimmer für eine Übernachtung gebucht werden. Aktuelle Infos zur Schneelage findet ihr auf der Website – inklusive Webcam. Insider-Tipp: Plant euren Besuch für den Vormittag ein, denn am Nachmittag liegt das Skigebiet im Bergschatten.

Ebenfalls empfehlenswerte Skilifte im Mühlviertel sind die Sternsteinlifte Bad Leonfelden, die Skilifte Kirchschlag, der Skilift Freistadt, der Skilift Stoaninger Alm und das Familienskigebiet Hansberg.

TIPP: Neben der Rodelwiese beginnt der Feuerwehr-Erlebnisweg Sandl mit sieben spannenden Stationen. Der Weg ist ganzjährig begehbar, die Spielgeräte sind aber nur von Mai bis Oktober nutzbar.

Adresse Liftstraße 10, 4251 Sandl, www.viehberg.at // **Öffis** Bus 310, 311 vom Hauptbahnhof Linz bis Freistadt, dann Bus 758, Haltestelle Sandl Pendlerparkplatz, von dort 500 Meter Fußweg // **Anfahrt** 40 Minuten ab Linz Hauptbahnhof, über A7 Richtung Freistadt, Abfahrt Unterweitersdorf, dann S10 bis Abfahrt Grünbach und B38 bis Sandl, Parkplätze vorhanden // **Öffnungszeiten** je nach Schneelage, Infos siehe Website; Rodeln gratis, Liftnutzung kostenpflichtig // ab circa 2 Jahre // kostenlos, WC

95_DIE KLAMSCHLUCHT

Malerische Familienwanderung zur Burg Clam

Der Auwanderweg in Saxen an der Au, auch Strindbergweg genannt, ist ein perfekter Einstiegs-Wanderweg für Familien mit kleinen Kindern. Einziges Manko: Für den Kinderwagen ist er nicht geeignet. Aufgrund der kurzen, leichten Strecke kann er aber gut mit der Babytrage gegangen werden.

Die Klamschlucht von Saxen bis zur berühmten Burg Clam ist nur zwei Kilometer lang. Hin und zurück sind es also vier Kilometer, Sitzbänke sind regelmäßig aufgestellt. Ihr beginnt eure Wanderung bei dem unübersehbaren roten Eingangstor zur Klamm hinter der Sturmmühle. Die Strecke ist sehr abwechslungsreich und führt über Wald- und Schotterwege bis zur Burg Clam, anfangs und am Ende kurz steil bergauf, dazwischen aber großteils eben dahin.

Die Schlucht eröffnet immer wieder atemberaubende Ein- und Ausblicke. Außerdem gibt es viel zu entdecken: eine Aussichtsplattform, einen Wasserfall, ein »Drachenloch«, einen Esel, leckere Himbeeren entlang des Weges, die Steinerne Tür, den Forellentümpel und den Rosstümpel. Besonders faszinierend: die riesengroße Felsformation namens Rabenstein, die über dem Fluss in den Himmel ragt. Sie ist durch Wollsackverwitterung entstanden – eine für das Mühlviertel typische Verwitterungsform, die Steine mit runden Kanten hervorbringt.

Ist der Aufstieg zur Burg einmal geschafft, könnt ihr in der idyllischen Burgschenke mit wunderschönem Gastgarten und großem Sandkasten einkehren und rasten. Frisch gestärkt geht es dann wieder zurück zum Ausgangspunkt.

Adresse Au 10, 4351 Saxen an der Au // **Anfahrt** 35 Minuten ab Linz Hauptbahnhof, der B3 folgen, bei Au links auf Saxener Straße abbiegen, Parkmöglichkeiten an der Sturmmühle und am Sportplatz nebenan // **Öffnungszeiten** immer zugänglich; Burgschenke Do–So und Feiertage ab 12 Uhr // für jedes Alter // kostenfrei, WC

TIPP: Von Mai bis Oktober hat das Burgmuseum der Burg Clam geöffnet. Das Einzigartige daran: Die mittelalterliche Festung ist voll möbliert und wird sogar noch bewohnt.

96_DER KIRSCHBLÜTENWEG

Familienwandern im Bienenparadies

Wenn der Frühling in Österreich Einzug hält, kommt bei vielen Familien Lust aufs Wandern auf. Für einen besonderen Frühlingsausflug eignet sich der Kirschblütenwanderweg in Scharten im Naturpark Obst-Hügel-Land. Ende April bis Anfang Mai erblühen hier viele hundert Obstbäume in weiß-rosa Farbenpracht. Ein richtiges Paradies für Bienen, ohne die all die leckeren Früchte nicht wachsen könnten! Aus diesem Grund gibt es entlang des Weges einen Bienenerlebnisweg und einen Bienenlehrpfad. Auf Schautafeln erfahrt ihr Wissenswertes über die fleißigen Tiere, im Schaubienenstock könnt ihr den Bienen live bei der Arbeit zusehen, und bei einer Fotowand könnt ihr ein Foto mit der wohl bekanntesten Biene der Welt machen. Wer das wohl ist? Na klar, die Biene Maja!

Als Startpunkt für den Rundweg ist das Gemeindeamt Scharten zu empfehlen, da ihr dort parken und euch eine Wanderkarte holen könnt. Der gesamte Weg ist zwölf Kilometer lang, kann aber leicht abgekürzt werden.

Eine mögliche Kurzstrecke (3,5 Kilometer) startet am Gemeindeamt. Man nimmt den Weg Richtung Süden, nach einem Kilometer wandert man an einem kleinen Hof mit Hühnern, Gänsen, Enten, Pferden, Ziegen und Alpakas vorbei, etwa 800 Meter weiter gelangt man zum Bienenerlebnisweg. Anschließend geht man das Tal hinab zurück zum Gemeindeamt. Mobile WCs sind am Weg vorhanden.

Einmal jährlich findet übrigens die traditionelle Kirschblütenwanderung mit attraktivem Rahmenprogramm statt – ein Erlebnis der besonderen Art!

TIPP: Anschließend könnt ihr die leckeren Produkte der Region beim Firlingerhof (Rexham 27) verkosten oder euch mit einer Jause stärken. Hier gibt es viele Spielmöglichkeiten für Kinder!

Adresse Scharten 60, 4612 Scharten, www.obsthuegelland.at // **Anfahrt** 30 Minuten ab Linz Hauptbahnhof, über Paschinger Straße Richtung Oftering und Scharten, Parkplätze vorhanden // **Öffnungszeiten** ganzjährig, am schönsten Ende April–Ende Mai // ab 4 Jahre // kostenlos, WC

97_DER MÄRCHEN-WANDERWEG

Das lebensgroße Lebkuchenhaus

So ein großes Lebkuchenhaus! Da fühlt man sich wie im Märchen und würde am liebsten einmal abbeißen. Gleich 13 Märchen gibt es auf diesem Wanderweg in Schenkenfelden zu erleben. Rapunzel mit ihrem hohen Turm, die Bremer Stadtmusikanten, Rotkäppchen und viele weitere berühmte Persönlichkeiten säumen die schattige Strecke. Autogramme können sie jedoch nicht geben, sie sind nämlich aus Holz geschnitzt – und bereits über 40 Jahre alt. Bitte berührt die Figuren nicht, damit sich noch viele andere Kinder daran erfreuen können. Trotz seines Alters ist der Märchenwanderweg dank des Vereins »Liebenswertes Schenkenfelden« sehr gut erhalten. Wer beim Brunnen des Froschkönigs Münzen hineinwirft, unterstützt die Erhaltung des Weges.

Der gut beschilderte, nicht kinderwagentaugliche Wanderweg ist zwei Kilometer lang und führt über Wald- und Schotterwege zu 13 Märchenstationen. Bei jeder Station kann auf einer Tafel das zugehörige Märchen nachgelesen werden.

Viele Bänke und Tische entlang der Strecke laden zum Rasten und Jausnen ein. Unterwegs gibt es außerdem leckere Brombeeren, Himbeeren und Heidelbeeren zu pflücken. Sollte euch Regen überraschen, gibt es bei den Bremer Stadtmusikanten eine überdachte Rastmöglichkeit mit einer Box voller Bücher und Stifte – eine tolle Idee! Auch ein öffentliches WC ist am Ende des Weges bei der Kalvarienberg-Kapelle zu finden.

Adresse Bei Kreuzweg 22, 4192 Schenkenfelden // **Öffis** Bus 314 bis Gallneukirchen, dann Bus 317 bis Schenkenfelden Parkplatz // **Anfahrt** 35 Minuten ab Linz, über A7 und B126 bis Vorderkönigschlag, der Straße bis zum Kreuzweg folgen, offizieller Parkplatz beim Märchenteich gegenüber Kreuzweg 22, Parkplatz Kalvarienbergkapelle und Parkplätze gegenüber Kalvarienberg 7 näher beim Wanderweg // **Öffnungszeiten** immer zugänglich // ab 3 Jahre // kostenlos, WC

TIPP: Das Gipfelkreuz des Hirtsteins sowie eine Einsiedlerhöhle liegen in der Nähe des Weges und sind ebenfalls einen Besuch wert – einfach bei der Station vom Wolf und seinen sieben Geißlein links abbiegen.

98_DER SCHLÖGENER BLICK

Die krasseste Kurve der ganzen Donau

Die Schlögener Schlinge ist ein wahres Naturwunder. Ohne Beeinflussung durch menschliche Hand macht die Donau hier eine Kurve um mehr als 180 Grad, also eine richtige Kehrtwende, und bildet damit den größten Zwangsmäander Europas. Entstanden ist sie durch eine geologische Besonderheit, nämlich den im wahrsten Sinne des Wortes steinharten Granit unter der weichen Schotterschicht.

Einen guten Ausblick auf dieses Naturwunder habt ihr vom sogenannten »Schlögener Donaublick«, einer Aussichtsplattform oberhalb der Schlinge. Vom Autoparkplatz aus erreicht ihr sie in gemütlichen zehn Minuten über einen steinigen Waldpfad, der am Hinweg überraschenderweise hauptsächlich bergab führt. Nicht kinderwagentauglich, aber auch mit Kleinkind gut zu schaffen.

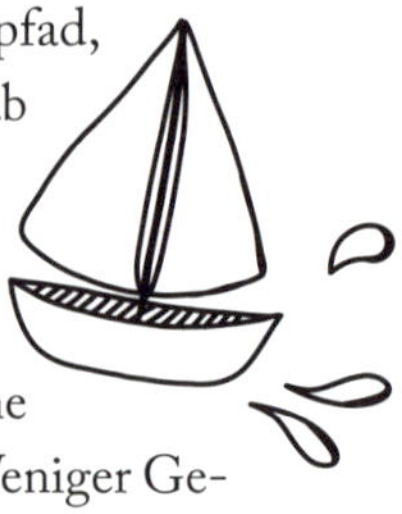

Geübte Wanderer können anschließend noch den elf Kilometer langen Ciconia-Erlebnisweg gehen, wobei eine Abkürzung über die Linetshuber Aussicht möglich ist. Weniger Geübte kehren einfach um, fahren zum Hotel Donauschlinge und genießen dort den restlichen Tag. Neben ausgezeichneter Küche findet ihr dort eine große Terrasse mit tollem Ausblick auf die Donauschlinge und einen großen Abenteuerspielplatz in Sichtweite. Nach Voranmeldung kann auch eine Motorzille für eine Fahrt auf der Donau ausgeliehen werden – inklusive Picknickkorb mit Verpflegung. Für das Lenken sind keine Vorkenntnisse erforderlich.

Adresse Parkplatz Schlögener Blick bei Schlögenleiten 3, 4083 Schlögenleiten // Öffis Bus 209 ab Haltestelle Linz/Donau Gruberstraße, Haltestelle Schlögen Donauschlinge // Anfahrt 40 Minuten ab Linz Hauptbahnhof, B127 Richtung Westen nehmen, weiter auf der B131 bei Aschach über die Donau, dann rechts auf B130 bis Freudenthal/Schlögenleiten, Parkplätze vorhanden // Öffnungszeiten immer zugänglich // ab 3 Jahre // kostenlos

TIPP: Gleich neben dem Hotel liegt der Landeplatz der Radfähre Au-Schlögen – die Fahrt über die Donau mit dem kleinen hölzernen Boot ist auch ohne Fahrrad ein tolles Erlebnis für Groß und Klein.

99_DIE BURGRUINE PRANDEGG

Wo ihr ein echtes Verlies erkunden könnt

Die Burgruine Prandegg ist die zweitgrößte und besterhaltene Burgruine Oberösterreichs und begeistert Kinder wie Erwachsene. Auf eurer Erkundungstour klettert ihr über Steine, steigt jahrhundertealte Stufen hinauf und hinab, überquert den ehemaligen Burggraben, genießt die tolle 360-Grad-Rundum-Aussicht von den Türmen und den gruseligen Einblick in ein echtes Verlies. Erhalten wird die Burgruine durch einen Burgverein und zahlreiche freiwillige Helfer, deren Arbeit an dieser Stelle ein großes Dankeschön ausgesprochen sei!

Am hinteren Ende der Ruine führt ein schöner Holzweg über Brücken und Treppen hinab durch den Wald und ermöglicht so einen Rundgang und faszinierende Einblicke in den Wald.

Gleich neben der Ruine liegt die Burgtaverne. Dort gibt es herzliche Gastfreundschaft und bodenständige regionale Küche zu erleben sowie einen kleinen Spielplatz mit Rutsche und Kletterhäuschen zu erkunden. Übrigens kann man hier auch übernachten, zelten und campen.

Praktisch: Wer mit kleinen Kindern unterwegs ist, kann über eine etwas abenteuerliche Forststraße direkt bis zur Burg fahren und dort parken. Die Zufahrt ist mit Navi schwer zu finden, man folgt am besten der braunen Beschilderung vor Ort. Allen anderen stehen zwei Besucherparkplätze am Fuß des Hügels zur Verfügung. Von dort aus kann man in etwa 20 Minuten zur Burg spazieren.

Adresse Prandegg 3, 4274 Schönau im Mühlkreis // **Anfahrt** 40 Minuten ab Linz, über A7 Richtung Freistadt, Abfahrt Unterweitersdorf, im Kreisverkehr 2. Ausfahrt auf B124, links auf Bahnhofstraße, in Pregarten links auf Gutauer Straße, dem Straßenverlauf folgen bis L1472, bei Gutau rechts auf St. Leonharderstraße/Lehen, rechts auf L1415, bei der Kapelle links auf Pehersdorf; Besucherparkplatz 1: Prandegg 8, Besucherparkplatz 2: Pehersdorf 21 // **Öffnungszeiten** Ruine immer zugänglich, Burgtaverne Okt.–April Sa, So ab 8 Uhr // ab 2 Jahre // kostenlos, WC, Wickeltisch

TIPP: Nur wenige Autominuten entfernt liegt der Mönchstein, ein beeindruckender Granitfelsen unweit der Straße Pehersdorf, der über eine Hängebrücke über die Aist zugänglich ist.

100_DIE SPEED-GLEIT-BAHN

Sicherer Spaß für mutige Flitzer

Ein Erlebnis für Groß und Klein! In robusten Rodeln flitzt ihr den Berg hinunter. Sogar Kinder ab zwei Jahren dürfen mitfahren – natürlich mit einer erwachsenen Begleitperson. Ab sechs Jahren dürfen die Kinder entscheiden, ob sie allein oder mit Begleitung fahren wollen. Ab acht Jahren *muss* ein eigener Bob gefahren werden. Im Tal wird man angeschnallt, das freundliche Personal kontrolliert noch einmal die Schnalle und erklärt alles. Dann geht es auch schon los. Der Schlepplift zieht den Bob bergauf, ein gemütlicher Einstieg in das abenteuerliche Erlebnis. Oben angekommen, dockt der Schlepplift automatisch ab. Nun den Hebel nach vorne drücken, und los geht's!

Die Sommerrodelbahn ermöglicht eine Maximalgeschwindigkeit von 40 Kilometern pro Stunde. Die Rodel werden auf einem Aluminiumrohr zwangsgeführt, ein Rausfallen ist daher nicht möglich. Durch Wald und Wiesen geht es 600 Meter lang bergab, je nach Wunsch rasant oder eher gemütlich. Zum Bedienen der Handbremse muss nur der Hebel zurückgezogen werden. Der Bob legt sich in die Kurven, es rattert, der Adrenalinspiegel schnellt nach oben. Was für eine Fahrt!

Nach diesem aufregenden Erlebnis könnt ihr euch in der Alm stärken, euch auf lustige Barstühle setzen und den Erlebnisspielplatz erkunden. Ein richtiger Burgturm wartet darauf, über Kletterwand oder Brücke erobert zu werden. Außerdem gibt es verschiedene Schaukeln, Wippen, zwei Flying Foxes, ein Dreifachreck und einen großen Sandspielplatz.

TIPP: Ebenfalls spannend für mutige Kinder ist der sagenumwobene Herrgottsitz am Steininger Berg, etwa einen Kilometer entfernt. Mit Hilfe des angebrachten Halteseils kann der Felsen erklommen werden.

Adresse Steiningerberg 3, 4274 Schönau im Mühlkreis // **Anfahrt** 45 Minuten ab Linz Hauptbahnhof, über A7 bis Unterweitersdorf, im Kreisverkehr 2. Ausfahrt auf B124 nehmen, in Bad Zell links abbiegen auf Schönauerstraße, dieser bis zum Ziel folgen, Parkplätze vorhanden // **Öffnungszeiten** Mai–Okt. Fr 13–17 Uhr, Sa, So, Feiertage 9–17 Uhr, genaues Startdatum siehe www.stoaninger-alm.at; im Winter Schlepplift für Ski- und Snowboard // ab 2 Jahre // kostenpflichtig, Kleinkindsessel, WC, Wickeltisch

101_DAS FEUERWEHR-MUSEUM

Für kleine Feuerwehrfans

17 riesengroße Hallen voll mit Feuerwehrfahrzeugen, Uniformen, Helmen und vielem mehr – das ist das Oberösterreichische Feuerwehrmuseum. Auf mehr als 3.000 Quadratmetern Ausstellungsfläche können kleine und große Feuerwehrfans viel über die Feuerwehr erfahren. Habt ihr zum Beispiel schon mal darüber nachgedacht, wie die Feuerwehrwagen früher aussahen, als es noch keine motorisierten Gefährte gab? Die Antwort: Sie wurden von Pferden gezogen! Im Museum könnt ihr alte Feuerwehrkutschen bestaunen und weitere historische Fahrzeuge entdecken. Auf Flatscreens werden außerdem informative Videos gezeigt.

In einem kleineren Teil der Ausstellung geht es auch um die heutige Feuerwehr – hier lernt ihr zum Beispiel, welche Feuerwehren es in Linz und Umgebung gibt und welche Wagen sie fahren. Die Exponate dürfen leider nicht berührt werden. Im Innenhof des Vierkanters darf aber eine historische Wasserpumpe selbst bedient werden, und im Raum der Sonderausstellung könnt ihr gegeneinander antreten und testen, wer am schnellsten Feuerwehrschläuche aneinanderstecken kann. Zudem gibt es eine coole Fotowand, mit deren Hilfe ihr Teil eines Feuerwehr-Teams werdet. Für Kleinkinder stehen außerdem zwei Feuerwehr-Bobbycars bereit, die in den Räumlichkeiten gefahren werden dürfen, und im Museumsshop werden neben Fanartikeln auch richtig coole Bastelbögen für Papier-Feuerwehrwagen verkauft.

Adresse Stiftstraße 2, 4490 St. Florian, www.feuerwehrmuseum-stflorian.at; großteils barrierefrei // Öffis Bus 410 von Linz Hauptbahnhof, Haltestelle St. Florian bei Linz Einsatzzentrale // Anfahrt 18 Minuten ab Linz Hauptbahnhof, A7 Richtung Wien, Ausfahrt E60 auf A1 bis Ausfahrt 160 Asten-St. Florian, Parkmöglichkeit vor dem Gebäude, Parkplätze vorhanden // Öffnungszeiten 1. Mai–31. Okt. Di–So 10–12 und 14–17 Uhr; Eintritt bis 7 Jahre gratis // ab 2 Jahre // Schlechtwettertipp, WC, kostenpflichtig, kinderwagentauglich

TIPP: Auch Straßenbahnfans kommen in St. Florian auf ihre Kosten. Beim Club Florianerbahn in der Leopold-Kotzmann-Straße 14a könnt ihr Fahrerkurbel und Handbremse einer Straßenbahn aus dem Jahr 1913 selbst bedienen (Sa 14–17 Uhr, sonst nach Voranmeldung unter Tel. 0664/8208481).

102_ DIE GÄRTNEREI SANDNER

Urwald-Expedition mit allen Sinnen

Urwaldfeeling und verrückte Pflanzen? Dazu muss man nicht an den Amazonas, denn das gibt es auch bei uns in Oberösterreich – und zwar in der Gärtnerei Sandner. Ein Herzensort für kleine Pflanzenliebhaber und neugierige Spürnasen! Das Pflanzen-Paradies ist hinter hohen Steinmauern versteckt und von der Straße aus nicht sichtbar. Tritt man durch die Mauern ein, staunt man nicht schlecht: Riesengroße taghelle Gewächshäuser voller Blumen und Bäume verbergen sich dahinter. Im dichten Pflanzen-Urwald der Gärtnerei lädt hinter fast jeder Ecke etwas Spannendes zum – rücksichtsvollen – Erkunden ein.

Was ist euer Lieblingsplatz? Das blumenbewachsene, von einer steinernen Fee bewachte Plätzchen oder das versteckte Eck mit den vielen Windspielen, die zum Lauschen und Ausprobieren auffordern? Die Vogelvoliere mit den bunt gefiederten Tieren, die farbenprächtigen Vogelhäuser mit lustigen Aufschriften oder der kleine Teich im Schaugarten? Die Ecke mit den lustigen und kuriosen Kräutern wie zum Beispiel der »Schoko-Minze«, dem »Ananas-Salbei«, der »Verpiss-dich-Pflanze« und dem »Kraut der Unsterblichkeit« oder der 100-jährige Olivenbaum, unter dessen Ästen man sich fühlt wie Pocahontas unter Mutter Weide? Findet es heraus!

Nach eurer Entdeckungsreise könnt ihr es euch in der Cafeteria »La Gioia« unter Palmen gemütlich machen und hausgemachte Mehlspeisen oder einen bunten Eisbecher mit Sahnehäubchen genießen.

Adresse Stiftstraße 3a, 4490 St. Florian, www.sandner-gaertnerei.at // Öffis Bus 410, Haltestelle St. Florian bei Linz Einsatzzentrale // Anfahrt 20 Minuten ab Linz Hauptbahnhof, über A7 Richtung Wien, Ausfahrt E60 auf A1 bis Ausfahrt 160 Asten-St. Florian, Parkmöglichkeit entlang der Straße vor der Gärtnerei // Öffnungszeiten Mo–Mi, Fr 9–18 Uhr, Sa 9–17 Uhr, Do, So Ruhetage, Ausnahmen siehe Website // ab circa 3 Jahre // Schlechtwettertipp, WC, kostenlos

TIPP: Das Stift St. Florian und seine Gärten sind ebenfalls einen Besuch wert. Der bekannte österreichische Musiker Anton Bruckner begann dort seine Karriere – sein Lieblingsessen könnt ihr anschließend im Gasthaus »Zum goldenen Löwen« probieren.

103_DIE GUSEN IN ST. GEORGEN

Barfuß den Lebensraum Fluss entdecken

Ein ganz besonderer Zeitvertreib hat sich in St. Georgen seit der Renaturierung der Gusen 2016 durchgesetzt: das Flusswandern.

Zum Zweck des Hochwasserschutzes und zum Wohl der Artenvielfalt wurde das Flussbett nämlich stark verbreitert. Dadurch fließt das Wasser in diesem Bereich langsamer und ist zudem seichter – ideal, um mit Kindern barfuß durch den Fluss zu waten und die spannende Fauna und Flora zu erforschen. Sonnenschutz und Kescher nicht vergessen! Kleine Sand- und Schotterbänke, Fische, Frösche, Enten, Flusskrebse und manchmal sogar Biber gibt es zu entdecken. Mehrere Trampelpfade führen unweit der Holzbrücke bei der Pfarrkirche zum Fluss hinab. Nach großen Regenfällen ist die Strömung allerdings zu stark zum Flusswandern, am besten achtet man vorher auf den Wetterbericht.

Gleich hinter der oben genannten Holzbrücke gibt es außerdem einen großen Spielplatz, der für sich allein bereits einen Halbtagesausflug wert ist. Ihr findet dort zwei Karussells, ein Durchkriechrohr, einen Sandspielplatz mit Wasserspielanlage, zwei Klettergerüste, eine Rutsche, eine Balancierstrecke, eine Klimmzugstange, zwei Babyschaukeln, zwei normale Schaukeln, eine Korbschaukel, zwei Wippen und zwei Wipptiere. Weiters laden ein Trinkwasserhahn, Sonnenplätze und schattige Spielbereiche, Sitzbänke und ein Jausentisch zum Verweilen ein.

Ein Stück weiter die Straße entlang befindet sich der zweite Teil des Spielplatzes mit einem Flying Fox und einem dritten Klettergerüst.

TIPP: Neben dem Spielplatz beginnt ein kinderwagentauglicher Spazierweg entlang des Flusses, die »Gusenpromenade«. Am Rand des Weges findet ihr wunderschöne seltene Pflanzen, Schilf, Enten, wild wachsende Brombeeren, Haselnüsse und Walnüsse sowie einige Outdoor-Sportstationen.

Adresse Bei Parkweg 7, 4222 St. Georgen an der Gusen // Öffis Direktverbindung ab Linz, S3 oder Bus 361, Haltestelle St. Georgen/Gusen Ort, von dort 350 Meter Fußweg // Anfahrt 20 Minuten ab Linz Hauptbahnhof, B3 Richtung Perg/Mauthausen/Steyregg nehmen, bei Pulgarn links auf Luftenbergstraße/Pleschinger Straße abbiegen, in St. Georgen rechts auf »Am Damm« fahren, dann rechts auf Parkweg, 3 Parkplätze beim Spielplatz vorhanden // Öffnungszeiten immer zugänglich // für jedes Alter // kostenlos

104_DIE STILLENSTEINKLAMM

Tosendes Wasser und stille Steine

Klammwanderungen sind abwechslungsreich und abenteuerlich und damit super für Kinder geeignet. Die Stillensteinklamm ist einer dieser wunderbaren Orte, an denen Kinder ihre ureigene Entdeckerlust ausleben können. Schon der Startpunkt der Wanderung bei der Gießenbachmühle beeindruckt mit einem großen Wasserrad, dem ersten Wasserfall und Zügen, die hoch oben über die Brücke düsen. Verschiedene Wanderwege für jede Kondition stehen zur Auswahl.

Ein beliebter Rundweg ist neun Kilometer lang und führt von der Gießenbachmühle durch die Stillensteinklamm zur Aumühle und wieder zurück. Die Höhendifferenz beträgt 250 Meter, mit Pause benötigt man etwa vier Stunden. Ihr wandert zuerst auf einem Schotterweg, dann links über eine Holzbrücke und anschließend auf einem Waldweg weiter. Entlang der Strecke findet ihr leckere Brombeeren, Erdbeeren und Sauerklee, weiter oben auch Heidelbeeren. Bei der letzten Holzbrücke beginnt ein kurzer, steiler Aufstieg mit atemberaubendem Blick auf rauschende Wasserfälle. Oben angekommen, gelangt ihr zur »Steinernen Stube«, einem Rastplatz unter einem großen Felsen.

Der Gießenbach verläuft hier unterirdisch, kommt ein Stück weiter aber wieder aus dem Boden. Ihr marschiert weiter bis zu einem kleinen Stausee mit Libellen und Schmetterlingen und dann zur Aumühle. Dort könnt ihr rasten, jausnen und den Spielplatz erkunden. Anschließend geht es zurück – entweder auf demselben Weg durch die Klamm oder über die Schotterstraße, die am Stausee vorbeiführt.

TIPP: Einen tollen Ausblick auf die Umgebung könnt ihr vom Schloss Greinburg im nahe gelegenen Örtchen Grein und von der Gobelwarte (bei Oberbergen 18) aus erhaschen.

Adresse Gießenbachmühle, Struden 37, 4381 St. Nikola an der Donau // **Öffis** mit dem Zug ab Linz Hauptbahnhof, Haltestelle Amstetten NÖ, dann Bus 380, Haltestelle Grein Gießenbachbrücke, von dort 220 Meter Fußweg // **Anfahrt** 55 Minuten ab Linz Hauptbahnhof, über B3 Richtung Perg/Mauthausen/Steyregg, etwa 50 Kilometer folgen, dann links auf Struden abbiegen, kostenlose Parkplätze bei Gießenbachmühle sowie südlich der B3 // **Öffnungszeiten** ganzjährig begehbar, warme Küche im Gasthof Aumühle täglich 11–20 Uhr // ab 7 Jahre // kostenlos, WC

105_ DER NATURPARK-SPIELPLATZ

3.200 Quadratmeter schattiger Kletterspaß

Wirklich steinreich ist die Gemeinde St. Thomas am Blasenstein im Naturpark Mühlviertel. In dem urigen kleinen Ort auf der Spitze eines Berges gibt es hinter jeder Kurve Außergewöhnliches zu entdecken. Plant deshalb mindestens einen halben Tag ein, um den Ort zur Genüge erkunden zu können.

Neben vielen tollen Wanderwegen wie zum Beispiel dem Schmetterlingswanderweg, einer echten Mumie mit dem lustigen Spitznamen »Luftg'selchter Pfarrer« und dem 3.200 Quadratmeter großen Naturparkspielplatz sind es vor allem die ungewöhnlichen Steine und Felsformationen, die den Flair des Ortes ausmachen. Ein wahres Paradies für kleine Kletteräffchen!

Auch am Spielplatz selbst finden sich viele dieser Gesteinsformationen samt Felshöhlen, die zum Hinaufklettern, Erobern und Erkunden einladen. Außerdem gibt es eine rote Hangrutsche, eine 30 Meter lange Seilbahn, einen großen Jausentisch mit drei Drehtafeln, ein Insektenhotel, ein Baumhaus, eine mittellange und eine kurze Rutsche, einen Wasserspielplatz mit drei verschiedenen Wasserpumpmöglichkeiten, eine Korbschaukel, drei normale Schaukeln, Wipptiere, Hüpfplatten, Hüpfsteine, Balancierbalken, einen Lagerfeuerplatz und ein Durchkriechrohr. Auch ein großes Blockhaus kann kreativ bespielt werden – praktisch, falls es überraschend regnen sollte. Dort findet ihr außerdem einen Snackautomaten für den kleinen Hunger.

Adresse Schulstraße 8, 4364 St. Thomas am Blasenstein, www.st-thomas.at // Anfahrt 50 Minuten ab Linz Hauptbahnhof, über A7 Richtung Freistadt und B124 bis Klingenbergstraße, Parkplätze vorhanden // Öffnungszeiten immer zugänglich // ab circa 3 Jahre // kostenlos, WC

TIPP: Bei der »Bucklwehluck'n« in St. Thomas, etwa 100 Meter vom Spielplatz entfernt, könnt ihr nicht nur eine tolle Aussicht genießen, sondern auch gratis eine Postkarte an eure Lieben verschicken.

106_DIE ZIGEUNERMAUER

Entdecke die Höhle, in der einst ein Räuber hauste

Kennt ihr die Erzählung von Robin Hood, dem Räuber aus England, der die Reichen ausraubte und davon den Armen gab? Bestimmt. Ob er wirklich gelebt hat, ist allerdings nicht sicher – ganz anders beim »Robin Hood des Mühlviertels«!

Das Gebiet, in dem er sein Unwesen trieb, ist übersät von riesengroßen außergewöhnlichen Steinen. Die abgerundete Form haben die Steine durch die sogenannte »Wollsackverwitterung« erhalten. Dabei wird das Gestein durch physikalische und chemische Prozesse natürlich abgeschliffen. Das Ergebnis sind abenteuerliche Felsburgen.

In einer dieser Felsburgen, der sogenannten »Zigeunermauer«, soll der berühmte Räuberhauptmann Grasel mit seiner Bande von bis zu 60 Mann gehaust haben. Er war der Robin Hood von St. Thomas, denn er bestahl die Reichen und beschenkte die Armen. Lange konnte er den Gesetzeshütern entgehen, als aber ein Kopfgeld auf ihn ausgesetzt wurde, wurde er erwischt – seine letzten Worte bei seiner Hinrichtung 1818 in Wien sind legendär. Was er gesagt hat? Das erfahrt ihr auf der Infotafel beim Räubernest!

Zur Zigeunermauer gelangt ihr zu Fuß über den fast zehn Kilometer langen, aber leichtgängigen Rundwanderweg S7. Wer kleine Kinder dabeihat, kann alternativ auch mit dem Auto über den Güterweg Staub bis zur Zufahrt Grossberger fahren. Der Aufstieg dauert dann nur noch fünf Minuten. Die Zigeunermauer ist eines von sechs Naturdenkmälern in der Gemeinde St. Thomas am Blasenstein.

Adresse Ausgangspunkt: Gemeindeamt, Markt 7, 4364 St. Thomas am Blasenstein, www.st-thomas.at // **Anfahrt** 40 Minuten ab Linz Hauptbahnhof, über A7 und B124 bis Klingenbergstraße // **Öffnungszeiten** immer zugänglich // ab etwa 4 Jahre // kostenlos, WC

TIPP: Das familienfreundliche Gasthaus Ahorner liegt direkt beim Start- und Endpunkt des Rundwanderwegs S7 und ist für sein leckeres Essen sowie sein freundliches Personal bekannt.

107_DER BADESEE TRAGWEIN

Naturbadesee mit Floß, Wasserfall und mehr

Ein richtiger Geheimtipp für Familien ist der Badesee in Tragwein, nur 30 Autominuten von Linz entfernt. Der Eintritt ist günstig, und Kinder unter sechs Jahren dürfen gratis hinein. Ein besonderes Highlight: das Floß mit Zugseil, bei dem Kinder und Erwachsene ihre Muskelkraft unter Beweis stellen und den See überqueren können. Aber auch der Wasserfall und der Spielplatz mit zwei großen Türmen, von denen aus der ganze See überblickt werden kann, sind ein Kindermagnet.

Am Spielplatz findet ihr außerdem ein Karussell, eine Hängebrücke, eine Korbschaukel und jede Menge feinen Sand. Ganz mutige Kids können den gruseligen Bergwerk-Schaustollen erforschen.

Auch ältere Kinder kommen auf ihre Kosten: Ein Beachvolleyballplatz, ein Fun-Court mit Möglichkeit zum Basketball- und Fußballspielen sowie ein Tischtennistisch sorgen für sportlichen Ausgleich. Einziges Manko des Badesees: Schatten ist nur wenig vorhanden, also an Sonnenschutz denken!

Der See selbst ist von einem flachen Kiesstrand – Badeschuhe sind empfehlenswert – und schönen Liegewiesen umgeben. Dank der ökologischen Wasseraufbereitung kommt auch die Naturerfahrung nicht zu kurz. In den begrünten Randzonen können kleine Forscher Libellen beobachten und mit etwas Geduld sogar einen Molch in ihrem Kübel einfangen. Danach bitte wieder freilassen! Umkleidekabinen, Duschen und Toiletten sind vorhanden. Ein Buffet mit wunderschöner Seeterrasse versorgt die Badegäste mit Snacks, Getränken und natürlich leckerem Eis.

TIPP: Ebenfalls in Tragwein liegt die Burgruine Reichenstein (Reichenstein 1).

Adresse Erdleitener Straße 23, 4284 Tragwein; barrierefrei // **Öffis** Bus 340, 341 ab Linz Hauptbahnhof, Haltestelle Badesee Tragwein // **Anfahrt** 30 Minuten ab Linz Hauptbahnhof, über A7, Ausfahrt Unterweitersdorf, im Kreisverkehr 2. Ausfahrt nehmen, Königswiesener Straße/B127, Parkplätze vorhanden // **Öffnungszeiten** Ende Mai–Mitte Sept. Mo–So 10–20 Uhr, nur bei Schönwetter // für jedes Alter // kostenpflichtig, WC, kinderwagentauglich

108_DER OEDTERSEE

Kleinkindfreundlicher See mit vielen Extras

In Linz und Umgebung gibt es viele tolle Seen, aber dieser hier überrascht. Denn der Oedtersee in Traun ist nicht nur ein toller Badesee mit schönem Sandstrand und frei zugänglichem Kinderplanschbecken, sondern er hat auch viele Extras zu bieten. Er eignet sich deshalb das ganze Jahr über super für Ausflüge – insbesondere ist jedoch ein Besuch im Herbst zu empfehlen. Denn dann färben sich die vielen Kastanien- und Ahornbäume rund um Parkplatz und See in wunderschönen Herbsttönen. Teilweise liegen die Blätter am Parkplatz 30 Zentimeter hoch. Ein Spielparadies für Kinder!

Ein kinderwagenfreundlicher Schotterweg führt um den ganzen See herum. Der Weg ist nur eineinhalb Kilometer lang und daher gut zum Spazierengehen mit kleinen Kindern geeignet. Tipp: Bobbycar und Laufrad mitnehmen, und schon wird der Ausflug zu einem unvergesslichen Erlebnis! Östlich des Sees findet ihr nämlich einen kleinen asphaltierten Skatepark, der auch gut mit dem Bobbycar befahren werden kann, wenn gerade keine anderen Kinder dort sind.

Außerdem gibt es einen Bikepark mit Erdhügeln, einen kleinen Motorikpark mit Balancierstrecke, einen Spielplatz mit Wikingerschiff, eine schattige Sandkiste, Wipptiere, zwei Volleyballplätze, zwei Tischtennistische und eine Fußballwiese. Ein Fahrradweg führt direkt am See vorbei. Ebenfalls spannend ist die Bücherzelle, in die ihr ein Buch hineinstellen und dafür selbst eines herausnehmen dürft.

Adresse Traunerstraße 25b, 4050 Traun, www.traun.at/Badesee; barrierefrei // **Anfahrt** 15 Minuten ab Linz Hauptbahnhof, über B139 bis Traun, im Kreisverkehr 1. Ausfahrt auf Mitterfeldstraße, im nächsten Kreisverkehr geradeaus auf Ganglgutstraße, im 3. Kreisverkehr 3. Ausfahrt auf Traunerstraße, großer kostenloser Parkplatz vorhanden // **Öffnungszeiten** ganzjährig zugänglich // für jedes Alter // kostenlos, WC, kinderwagentauglich

TIPP: Das Restaurant »Seestern Traun« hat eine schöne Terrasse mit Ausblick auf den See. Gleich nebenan liegen außerdem das Hallenbad, das Freibad und die Eislaufhalle Traun.

109_ DER TIERGARTEN WELS

Kostenlos und tierisch was los!

Unglaublich, aber wahr: Der Eintritt in den Tiergarten der Stadt Wels ist kostenlos. Der wohl einzige kostenlose Tiergarten Österreichs ist zugleich der älteste – es gibt ihn bereits seit 1930. Über 90 verschiedene Tierarten leben auf dem 28.000 Quadratmeter großen, natürlich gestalteten und gut gepflegten Areal.

Besonders spannend: das Affenhaus und die frei herumlaufenden Kattas und Hühner. Man fühlt sich, als wäre man zu Besuch auf einem ganz besonderen Bauernhof. Ein Paradies für Kinder! Der Tiergarten Wels engagiert sich außerdem für den Artenschutz, weswegen es oft süße Tierbabys zu bestaunen gibt. Weiters findet ihr hier viele Vögel, darunter Papageien und Störche, sowie Schildkröten, Damhirsche, Ziegen, Nasenbären, Hängebauchschweine und viele andere Tierarten.

TIPP: Wenige Meter vom Tiergarten-Ausgang entfernt gibt es noch eine faszinierende Tierart live zu beobachten: Bienen! Alle Infos dazu unter www.welserhonigmanufaktur.com.

Der Mühlbach fließt mitten durch das Areal und wurde wunderschön in den Tiergarten eingebunden. Dabei wurde auch an einen Wasserspielplatz gedacht, dessen Wasser bei einem Wasserrad abgezweigt und anschließend wieder in den Bach geleitet wird. Außerdem gibt es zwei große Kinderspielplätze, einen direkt beim Buffet mit Riesenröhrenrutsche.

Steckt am besten ein paar Münzen für den Tierfutterautomaten (Tiergartenordnung beachten) sowie den megacoolen Spielbagger ein. Wer will, kann auch etwas in die Spendenbox am Eingang werfen. Im Sommer wird bei Schönwetter außerdem eine Hüpfburg aufgebaut.

Adresse Stadtpark 1, 4600 Wels; barrierefrei // **Öffis** mit dem Zug bis Wels Hauptbahnhof, von dort weiter bis Haltestelle Wels Messe; oder Bus 1 bis Haltestelle Bundesamtsgebäude/Dragonerstraße // **Anfahrt** 35 Minuten ab Linz Hauptbahnhof, über B1 bis Wels, dort links auf Doktor-Koss-Straße/B1, dann rechts auf Maria-Theresia-Straße, Ziel links, Parkplatz Herminenhof bei der Landesmusikschule sowie Parkplatz Messe Wels // **Öffnungszeiten** ganzjährig, Mitte März–Mitte Okt. täglich 7–20 Uhr, Mitte Okt.–Mitte März täglich 8–17 Uhr // für jedes Alter // WC, Wickeltisch, kinderwagentauglich, kostenlos

110_ DAS WELIOS SCIENCE CENTER

Staunen, spielen und erforschen

Im Welios Science Center wird Wissenschaft mit allen Sinnen erlebbar, und zwar auf richtig spannende Art und Weise. Tatsächlich fühlt man sich eher wie auf einem großen Indoorspielplatz als in einem Museum. Über 150 abwechslungsreiche Mitmach-Stationen laden auf 3.000 Quadratmetern zum spielerischen Erforschen von Naturwissenschaft und Technik ein.

Im Erdgeschoss findet ihr regelmäßig wechselnde Sonderausstellungen, während euch der Weg die Treppe hinauf zur beliebten Dauerausstellung führt. Sie beginnt im Raum der Illusionen, wo ihr unter anderem ein Foto machen könnt, auf dem die Kinder größer sind als die Eltern. 38 Stationen voller faszinierender Wahrnehmungstäuschungen weiter gelangt ihr schließlich zur Dauerausstellung zum Thema Energie.

Hier könnt ihr auf die Bank und den Tisch klettern und seinen Tisch decken, in einem Hamsterrad laufen, um Energie zu erzeugen, mit Wasser spielen, eine Wärmebildkamera ausprobieren, an dicken Seilen schwingen, ein Kassaband bedienen und einen eigenen Film drehen. Bei fast jeder Station gibt es einen Knopf zum Drücken oder einen Hebel zum Ziehen. Einfach unwiderstehlich! Plant also am besten einen Ganztagesausflug mit Mittagessen ein. Viel Spaß!

Adresse Weliosplatz 1, 4600 Wels, www.welios.at; barrierefrei // **Öffis** mit dem Zug bis Wels Hauptbahnhof, von dort weiter bis Haltestelle Wels Messe; oder Bus 15 bis Haltestelle Pollheimerstraße // **Anfahrt** 30 Minuten ab Linz Hauptbahnhof, über A7, weiter auf A1, beim Knoten Haid auf A25/E552 fahren, Ausfahrt 12 Wels-Ost, der Linzer Straße/Welser Straße/B1 folgen, dann links auf Doktor-Koss-Straße/B1, im Kreisverkehr 1. Ausfahrt auf Pollheimerstraße, im Parkhaus Blackbox oder kostenlos bei Stadthalle oder Messegelände parken // **Öffnungszeiten** Sa, So, Feiertage 10–17 Uhr; freier Eintritt für Kinder unter 6 Jahren // ab 4 Jahre // Schlechtwettertipp, WC, Wickeltisch, kinderwagentauglich, kostenpflichtig

TIPP: In der Mittagspause könnt ihr die Welser Innenstadt erkunden – sie wurde in den letzten Jahren attraktiviert und gilt nun als Vorzeigebeispiel. Findet ihr die coolen Sprühbrunnen?

111_DER BIENEN-ERLEBNISWEG

Kinderwagenfreundlich und mit spannenden Stationen

Der Bienenerlebnisweg ist ein idyllischer Spazierweg, der am Fluss entlangführt und richtig coole Spielstationen zu bieten hat. Darunter eine lustige Fotowand, eine lange Steinschlange aus bemalten bunten Steinen – ihr könnt selbst einen dazulegen –, eine Station mit Wasserrädern zum Spielen und Experimentieren, eine Riesenbiene aus Stein, süße Holztiere, eine Rutsche, gemütliche Liegen und ein Wasserspielplatz mit Pumpe.

Am Anfang des Weges kommt ihr außerdem an einem Ziegengehege vorbei. Gesäumt ist die Strecke mit Tafeln, auf denen man viel über das faszinierende Leben der Bienen erfährt. Wusstet ihr zum Beispiel, dass männliche Bienen keinen Vater, aber einen Großvater haben?

Besonders spannend ist auch der gläserne Bienenstock. Geht kurz nach den Ziegen links den Hügel hinauf und betretet die Bienenhütte. Dort findet ihr einen Bienenstock, bei dem ihr durch eine Glaswand die fleißigen Bienen beim Arbeiten beobachten könnt.

Gut zu wissen: Die meisten Besucher gehen nicht den ganzen Weg, sondern nur die erste Hälfte und drehen beim Teich wieder um. Warum? Weil die etwa zwei Kilometer lange erste Hälfte des Weges mit dem Kinderwagen befahrbar ist und die spannendsten Stationen bietet. Die Strecke ist geschottert und teils sonnig, teils schattig. Sitzbänke und Tische laden regelmäßig zum Ausruhen ein. Entlang des Weges wachsen außerdem Himbeeren und Heidelbeeren, die gern vernascht werden dürfen.

TIPP: Ebenfalls spannend ist der Pfad entlang der Distl mit seinen Steinen zum Über-den-Bach-Hüpfen. Ihr findet ihn, wenn ihr hinter dem Bienenmuseum die Treppen runter zum Fluss nehmt.

Adresse Obermühlweg 2, 4180 Zwettl an der Rodl // **Öffis** Direktverbindung ab Linz Hauptbahnhof, Bus 252, Haltestelle Zwettl an der Rodl, von dort 400 Meter Fußweg // **Anfahrt** 25 Minuten ab Linz Hauptbahnhof, B126 bis Zwettl an der Rodl, im Zentrum links auf Oberneukirchner Straße, dann rechts auf Schauerschlagstraße, Parkmöglichkeiten gegenüber dem Bienenmuseum beim Roten Kreuz // **Öffnungszeiten** immer zugänglich, Bienenhütte Mai–Okt. // für jedes Alter // kostenlos, kinderwagentauglich

1
Aigen-Schlägl
Wegscheid
Vyšší
Brod
Haslach
an der Mühl
92
Rohrbach-Berg
Bad Leonfelden
12
11
Lembach
im Mühlkreis
Altenfelden
111
Ober-
neukirchen
Donau
Herzogsdorf
98
Sankt Martin
im Mühlkreis
22
16
28
Nattern-
bach
Gramastetten
Aschach
an der Donau
13
27
Feldkirchen
an der Donau
Walding
3
Peuerbach
Waizenkirchen
Ottensheim
17
Wilhering
Prambachkirchen
Donau
LINZ
Eferding
Alkoven
84
26
4
Fraham
Leonding
Sankt
Marienkirchen
an der Polsenz
Pasching
96
87
20
Gries-
kirchen
14
Wallern
an der
Trattnach
Traun
Hörsching
Buchkirchen
108
Ansfelden
Gallspach
Krenglbach
6
5
3
Traun
Pichl
bei Wels
A25
Marchtrenk
7
A8
8
109
110
2
Wels
Gunskirchen
Neuhofen
an der Krems
A1
18
A8
Stadl-Paura
Sattledt
Kremsmünster
Schwanen-
stadt
Traun
Sierning
93
Bad Hall

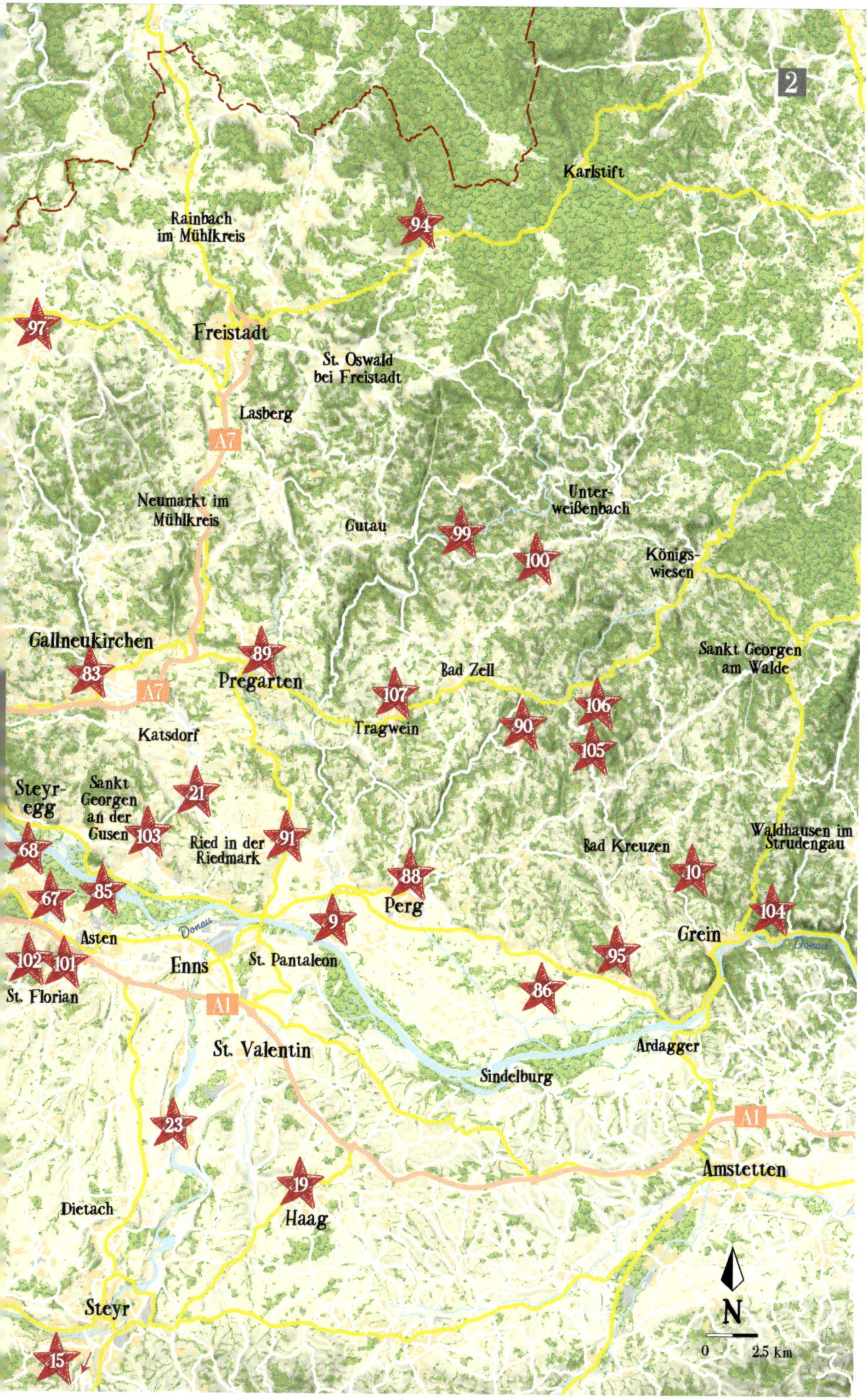

2
Karlstift
Rainbach im Mühlkreis
94
97
Freistadt
St. Oswald bei Freistadt
Lasberg
A7
Neumarkt im Mühlkreis
Gutau
Unter-weißenbach
99
100
Königs-wiesen
Gallneukirchen
83
89
Pregarten
107
Bad Zell
106
Sankt Georgen am Walde
Tragwein
90
105
Katsdorf
Steyr-egg
Sankt Georgen an der Gusen
103
21
Ried in der Riedmark
91
Bad Kreuzen
10
Waldhausen im Strudengau
68
67
85
88
Perg
104
Grein
9
Donau
Asten
102
101
St. Florian
Enns
St. Pantaleon
95
86
A1
St. Valentin
Ardagger
Sindelburg
23
Amstetten
19
Haag
Dietach
Steyr
15
N
0
2,5 km

3
73
78
70
76
30
St. Magdalena
Dornach
79
82
Harbach
A7
69
71
Pöstlingberg
80
81
Urfahr
62
61
36
Donau
Puchenau
Donau
74
46
77
56
48
4
Industriegelände
Zaubertal
34
35
LINZ
Freinberg
33
Franckviertel
Holzheim
Froschberg
Chemiepark Linz
Enzenwinkl
A7
Makartviertel
Gaumberg
Leonding
37
Keferfeld
29
Spallerhof
Bindermichl
Neue Welt
75
Haag
Reith
N
65
64
25
Hart
66
Wasserwald
63
0
500 m
Neue Heimat
Kleinmünchen
24
Doppl
Wegscheid
31
A7
Auwiesen
Traun
Ebelsberg
Langholzfeld

4
Donau
Obere Donaulände
Untere Donaulände
Pfarrplatz
Hauptplatz
Museumstraße
Promenade
Promenade
Dametzstraße
Herrenstraße
Landstraße
Rudigierstraße
Stifterstraße
Hopfengasse
Kapuzinerstraße
Sandgasse
Stockhofstraße
Volksgartenstraße
Landstraße
Weingartshofstraße
Kärntnerstraße
51
72
54
50
58
57
44
59
38
53
52
42
47
41
49
40
43
45
55
32
39
60
N
0
100 m

EXTRA

Kindergeburtstage feiern in und um Linz

Kleine Wohnung, großer Kindergeburtstag? Wilde Kinder, kaltes Wetter? Hier könnt ihr Kindergeburtstage außerhalb der eigenen vier Wände feiern:

AIGO Familienhotel Aigen-Schlägl // Aquapulco Bad Schallerbach // Abenteuerland Shoppingcity Wels // Cineplexx Linz // City Express Linz // Eltern-Kind-Zentren Linz und Umgebung (Kinderfreunde) // Familienbundzentren Linz und Umgebung (Familienbund OÖ) // Franzlhof Bezirk Freistadt // Gasthaus zur Gis (Fackelwanderungen) // Grottenbahn Linz // Hollywood Megaplex Pasching (in Planung) // Jump Dome Leonding // kika-, Leiner- und XXXLutz-Filialen // Kindererlebnishof Funtasia Steinerkirchen an der Traun // Kinderland Haid Center Ansfelden // Kölle Zoo Leonding // Linz AG Bäderoasen // LolliPark Indoorspielplatz Pasching // Lust am Leben Adventure Camp Steinerkirchen // Nachtwächter-Führungen Linz // Naschkatze Süßwarenmanufaktur Zuckerl-Workshops Linz // Naturpark Mühlviertel // OBRA Kinderland Vöcklabruck // Rotax MAX Dome Linz // Soccerarena Linz (ab 6 Jahre) // Sportpoint Linz // Stadlerhof Wilhering // Tagaluba Abenteuerland Hörsching

Kinderwagenfreundliche Wanderungen in und um Linz

Sie sind heiß begehrt, aber schwer zu finden: tatsächlich kinderwagenfreundliche Wander- und Spazierwege. Deshalb habe ich euch hier eine Liste mit geeigneten Wegen zusammengestellt – viel Freude damit!

Kinderwagenfreundliche Wege, selbst getestet Bienenerlebnisweg 1. Teil (Zwettl an der Rodl) // Kurpark-Spazierwege (Bad Hall) // Rundweg Botanica Park (Bad Schallerbach) // Rundweg Oedtersee Traun (Linz) // Rundweg Pichlinger See (Linz) // Rundweg Pleschinger See (Linz) // Spaziergang an der Esplanade (Gmunden am Traunsee) // Wasserwald-Spazierwege (Linz) // Wasserwichtelweg Kirchschlag (Linz)

Kinderwagenfreundliche Wege, nach sorgfältiger Recherche und persönlichen Empfehlungen Aulehrpfad (Au an der Donau) // Barfußweg (St. Ulrich) // Barfußweg (Lasberg) // Eferdinger G'schichtenweg (Eferding) // Generationenpark-Rundweg (Sonnberg im Mühlkreis) // Generationenweg (Perg) // Kinderwagen-Wanderweg Kinderfitnessweg (Kronstorf) // Krippenweg (Geboltskirchen, nur im Advent) // Steyruferweg (Steinbach an der Steyr) // Uferweg Mittermühle (Natternbach)

Wenn es draußen regnet und die Kinder unbedingt Bewegung brauchen, können Indoorspielplätze richtige Lebensretter sein. Hier meine besten Geheimtipps für Indoor-Spielspaß in und um Linz:

Kostenpflichtig Indoor-Spielmöglichkeit in der Spielstube im »Haus der Frau«, ab 1,5 Jahre, Aufsicht durch Pädagoginnen // Kids-Playground Jump Dome Leonding, 0–8 Jahre, Trampolinpark ab 3 Jahre, Elternaufsicht // Kinderforschungslabor Ars Electronica Center, ab etwa 3 Jahre, Elternaufsicht // LolliPark Pasching, 1–12 Jahre, Elternaufsicht // Tagaluba Abenteuerland Hörsching, ab 0 Jahre, Elternaufsicht // Trendsporthalle Lissfeld, ab etwa 3 Jahre, Elternaufsicht
Kostenlos Abenteuerland Shoppingcity Wels, 3–10 Jahre, Personalaufsicht, erste Stunde gratis, dann kostenpflichtig, jeden 1. Fr im Monat gratis Kasperlaufführung // Atlantis Kinderland Plus City, 3–9 Jahre, Personalaufsicht // Indoorspielplatz Kika-Restaurant Linz-Urfahr und Ansfelden, ab 0 Jahre, Funbox ab 4 Jahre, Elternaufsicht // Indoorspielplatz XXXLutz-Restaurant Linz-Goethestraße, St. Florian, Wels und Steyr, ab 0 Jahre, Elternaufsicht // Indoorspielplatz Leiner-Restaurant Linz, Wels und Steyr, ab 0 Jahre, Elternaufsicht // Indoor-Spielmöglichkeit im Eltern-Kind-Zentrum Linz-Figulystraße, ab 0 Jahre, Elternaufsicht, offenes Zentrum, nutzbar Mo–Fr 9–12 Uhr sowie Mo–Do 14–17 Uhr // Kinderland Haid Center, 3–10 Jahre, Personalaufsicht, erste Stunde gratis, dann kostenpflichtig // Kinderpark Donaupark Mauthausen,0–6 Jahre, Elternaufsicht, einmal monatlich gratis Kasperlaufführung // SMÅLAND Kinderparadies IKEA Haid, 3–9 Jahre, Personalaufsicht

Ihr habt noch weitere gute Tipps?
Egal ob Ausflugsziel, Kindergeburtstags-Location, kinderwagenfreundlicher Wanderweg, Familienevent oder Indoor-Spiemöglichkeit – schreibt mir! Ich teile euren Tipp gern auf der Instagram- und Facebook-Seite von 111 Orte für Kinder in und um Linz.

Judith Mazzilli ist verheiratet und Mutter von zwei Söhnen, die sie ordentlich auf Trab halten. Sie war lange Linzerin und lebt heute mit ihrer Familie im schönen Linz-Land. Hauptberuflich ist sie als Digital Campaign Managerin in der Werbebranche zu Hause. In ihrer Freizeit bloggt sie unter dem Alias »Mamazilli« frei heraus über Mutterschaft, Frausein und ihren Glauben.

DANKSAGUNG

Mein besonderer Dank gilt meinem Mann Francesco. Ohne dich hätte ich es nie geschafft. Danke für all dein Mitfiebern und Mithelfen, dein Ermutigen und Unterstützen. Du bist mein Held!

Danke sagen möchte ich auch meinem Sohn, der mich selbst nach über 50 besuchten Orten, unendlich vielen Autofahrten und zig Fotoshootings morgens noch immer mit ungebrochener Motivation gefragt hat: »Wo wir heute hinfahren? Ick wo hinfahren will!« Danke, mein Schatz, für deine süße Unterstützung.

Mein Dank gilt außerdem meiner Mutter, meinen Schwiegereltern sowie Claudia, der Gruppenpädagogin unseres Kindergartens, für ihre Unterstützung bei der Kinderbetreuung. So konnte ich manchmal auch vormittags in aller Frische am Buch arbeiten anstatt nur spätabends – vorausgesetzt, unser Baby schlief.

Vielen Dank auch an mein Team vom Emons Verlag, das mich mit seinem wertvollen Know-how und seiner Erfahrung so professionell unterstützt hat.

Last, but not least gilt mein Dank vor allem Gott. Danke für diese tolle, einzigartige Möglichkeit, die du mir geschenkt hast, und all die schönen Erlebnisse und Erfahrungen, die ich dabei machen durfte. Alles Gute kommt von dir – ich danke dir dafür!